Anselm Grün
mit Hsin-Ju Wu

Vom spirituellen Umgang mit Träumen

Anselm Grün
mit Hsin-Ju Wu

Vom spirituellen Umgang mit Träumen

KREUZ

MIX
Papier aus verantwor-
tungsvollen Quellen
FSC® C083411

© KREUZ VERLAG 2014
in der Verlag Herder GmbH, Freiburg im Breisgau
Alle Rechte vorbehalten
www.kreuz-verlag.de

Satz: de·te·pe, Aalen
Herstellung: CPI books GmbH, Leck

Printed in Germany

ISBN 978-3-451-61281-7

Inhalt

1. Einführung — 9

Begegnung mit der geistigen Welt des Tao — 9
Geistliche Deutung und Bedeutung — 16
»Gottes vergessene Sprache« — 23
Erkenntnis in Bildern – Kraft der Träume — 26

2. Wahrheit, Weisung, Verheißung: Der Traum in der Bibel — 33

Der Traum im Alten Testament — 33
Träume im Neuen Testament — 43
Dreifache Bedeutung — 50

3. Gotteserfahrung und Selbstbegegnung: Der Traum in der geistlichen Tradition — 53

Die Kirchenväter: Inspiration und Kraft durch Träume — 53
Das Traumbuch des Synesios — 56
Evagrius Pontikus: Träume auf dem kontemplativen Weg — 60
Visionen und Erscheinungen — 70
Traum – Wirklichkeit und Wirkung — 72

4. Das Verständnis des Traums in der Psychologie 79

Verdrängte Triebimpulse: Traumanalyse bei S. Freud 79
Reichtum der Seele: Traumdeutung bei C. G. Jung 80
Grundsätze des Traumverstehens 85
Objektstufe und Subjektstufe 87

5. Sprache der Träume – Bedeutung der Bilder 93

Hausträume 96 · Autoträume 100 · Fallträume 102 · Ausscheidungen 103 · Sexuelle oder erotische Träume 104 · Verfolgungsträume 105 · Krieg und Gefangenschaft 107 · Tierträume 108 · Kinder-Träume 111 · Hochzeitsträume 114 · Nacktheit 115 · Zu spät kommen 117 · Vor verschlossenen Türen 118 · Wegträume 119 · Prüfungssituationen 120 · Zahlenträume 123 · Wortträume 124 · Träume vom Fliegen 125 · Farbträume 126 · Entscheidungsträume 127 · Wasserträume 129 · Träume in Übergangsphasen 130 · Tod und Begrabenwerden 132 · Träume, die die Zukunft voraussehen 135 · Numinose oder spirituelle Träume 137

6. Regeln für den geistlichen Umgang mit Träumen 141

Der spirituelle Weg und das Unbewusste 141
Sieben Schritte, um spirituell mit unseren Träumen umzugehen 146
Exkurs: Aktive Imagination nach C. G. Jung 150
Gespräch über Träume in der geistlichen Begleitung 157
Vier Regeln für geistliche Begleiter 161

7. Schluss 167

Literatur 171

1. Einführung

Begegnung mit der geistigen Welt des Tao

Träume haben etwas Geheimnisvolles. Sie sagen in ihren Bildern etwas über Aspekte unserer Seele aus, die uns im Tagesbewusstsein nicht so vertraut sind. Sie stehen aber auch in Beziehung zu unserem Leben, das wir in unserem Alltag meist bewusst wahrnehmen. Deshalb haben sie auch etwas Faszinierendes für uns. Wenn ich bei Vorträgen etwas über Träume sage, erlebe ich immer eine sehr wache Reaktion. Viele erzählen dann konkrete Träume und wollen von mir wissen, was der Traum bedeuten könnte. Besonders aktiv war die Reaktion, als ich in Taiwan vor Buddhisten und Christen Vorträge über Trauer und Trauerbewältigung hielt und dabei auch über die Träume sprach, in denen uns Verstorbene erscheinen oder in denen wir vom eigenen Tod oder vom Tod eines nahen Menschen träumen. Da war ganz offensichtlich zu spüren, wie groß das Bedürfnis ist, über Träume besser Bescheid zu wissen. Es gibt schon viele von Psychologen geschriebene Bücher über Träume und Traumdeutung. Aber ich habe gespürt, dass gerade Christen ein großes Interesse haben, mehr über die Träume zu erfahren. Sie wollen nicht nur wissen, ob die Träume nur Ausdruck des Unbewussten ist, ob wir im Traum nur unsere alltäglichen

Probleme verarbeiten; im Hintergrund steht immer auch die Frage, ob die Träume eine tiefere Bedeutung haben, die für unser Leben wichtig ist. Und Christen fragen in diesem Zusammenhang vor allem immer wieder danach, ob es möglich ist, dass Gott selbst zu uns im Traum spricht, wie es uns die Bibel immer wieder beschreibt.

So hat mich die Begegnung mit den Menschen in Taiwan und die Gespräche, die ich mit meiner taiwanesischen Verlegerin, der evangelischen Theologin Hsin-Ju Wu, geführt habe, angeregt, das Thema der Träume neu zu bedenken. Ich habe im Lauf der letzten Jahrzehnte zahlreiche Traumseminare gehalten und vor 25 Jahren auch schon einmal eine Kleinschrift mit dem Titel *Träume auf dem geistlichen Weg* geschrieben. Doch ich habe gespürt, dass es einer ausführlicheren Behandlung dieses Themas bedarf. Für diese neue Beschäftigung mit den Träumen haben mir die Gespräche mit Frau Wu wertvolle Anregungen gegeben. Sie hat mich vertraut gemacht mit einer Deutung von Träumen, wie sie in der chinesischen Tradition üblich ist. Ich wurde in diesem Dialog nicht nur mit einer ganz neuen Sichtweise der Träume konfrontiert, sondern bekam auch Lust, die Weisheit der Träume in der abendländischen und in der asiatischen Tradition neu zu bedenken. Träume sind ja ein Thema, das Menschen aller Kulturen und Völker berührt und über das alle Religionen nachdenken. Gerade im Zeitalter der Globalisierung, die auch die verschiedenen kulturell geprägten Mentalitäten und Traditionen einander näherbringt, und nicht zuletzt auch wegen des wachsenden Interesses, das die Kultur Asiens in Europa findet, ist es eine spannende

Aufgabe, sich diesem Thema im Dialog zwischen Ost und West zu widmen.

Die chinesische Kultur hat die Träume immer hochgeschätzt. Gerade die taoistische Philosophie hat sich darüber viele Gedanken gemacht. Bereits C. G. Jung hat in seinen Schriften immer wieder auf die chinesische Philosophie hingewiesen und betont, wie sehr sie unser westliches Denken bereichern könnte. Als er von einer englischen Verlegerin die Übersetzung einer chinesischen Legende erhielt, lobte er die profunde »Psychologie, die ganz natürlich aus der Erde hervorwächst. Es ist direkt wunderbar zu sehen, dass die Chinesen ihre Seele betreut haben wie ihren Blumengarten« (Jung, Briefe II, 65). Wie C. G. Jung sich vom chinesischen Denken inspirieren ließ, so habe ich mich im Gespräch mit Frau Wu anregen lassen, neu über die Träume nachzudenken und darüber zu schreiben. Ich habe den Text allein geschrieben, aber ihre Anregungen sind in dieses Buch eingeflossen, nicht nur dort, wo ich ausdrücklich chinesische Texte zitiere. Wir haben alle Bereiche miteinander diskutiert: die Träume in der Bibel und in der geistlichen Tradition, aber auch die Deutung von konkreten Träumen. Im Gespräch hat sich unser Blick geweitet, und wir konnten auf neue Weise, mit neuen Augen auf die Träume schauen.

Es gibt ein berühmtes chinesisches Traumbuch, geschrieben vom Fürsten Zhou vor über 2000 Jahren. Für viele Chinesen ist dieses Traumbuch wie eine Art Bibel. Dort werden wesentliche Einsichten des Taoismus dargestellt. So lassen wir uns in diesem Buch von der chinesischen Weisheit über die Träume befruchten.

Der Taoismus ist die Philosophie, die – neben dem eher praktisch ausgerichteten Konfuzianismus – das chinesische Denken am meisten geprägt hat. Wie sehr gerade für diese Denkrichtung Träume eine Rolle spielen, sei daher kurz erläutert. Der Ausdruck »Tao« hat verschiedene Bedeutungen. Zum einen ist es der Weg, den ich gehen soll. Dann aber meint Tao auch die Verhaltensweise, die meinem Wesen entspricht. Und es ist auch die kosmische Ordnung, die allem Sein innewohnt. Tao ist also der Grund von allem. Es meint den richtigen Weg, der uns zum Leben führt, und die Lebensweisheit, die uns unsere innere Wahrheit aufdeckt. Daher sind bei der Traumdeutung für den Taoisten die beiden Begriffe »Weg« und »Wahrheit« wichtig. Der Taoismus vertraut darauf, dass der Mensch im Traum das Tao erkennen kann, die Wahrheit, den Weg zum Leben. Dieses Verständnis hat Berührungspunkte mit dem Johannesprolog im Neuen Testament. Chinesische Übersetzungen von Joh 1,1 schreiben auch: »Im Anfang war das Tao.« Tao meint in diesem Sinn letztlich das Wort Gottes. Wenn der Traum uns das Tao aufdeckt, dann können wir das in christlicher Sprache so sehen: Im Traum spricht Gott sein Wort zu uns. Und von diesem Wort gilt: »In ihm war das Leben, und das Leben war das Licht der Menschen« (Joh 1,4). Auch in einem christlichen Verständnis lässt sich also sagen: Das Wort Gottes im Traum zeigt uns die eigentliche Wirklichkeit unseres Lebens.

Für den Taoismus wird das deutlich in dem berühmten Traum, den uns der taoistische Traumerzähler Zhunangzi erzählt. Er träumte, er sei ein Schmetterling. Im Traum fliegt er im Garten hin und her und ist ganz glücklich dabei. Als er aufwacht, kann er nicht mehr unterscheiden, ob er nun ein Mensch ist, der träumt, er sei ein Schmetterling – oder ob er ein Schmetterling ist, der davon träumt, dass er ein Mensch sei. Wir können den Unterschied zwischen Traum und Wirklichkeit oft nicht genau unterscheiden.

Dieser Traum zeigt etwas Wesentliches vom Menschen: Der Mensch ist seiner Natur nach wie ein Schmetterling. Er spiegelt Gottes Schönheit und Leichtigkeit wieder. Er kann sich in seiner Seele über das Schwere seines Lebens erheben.

Wenn die Taoisten Träume deuten, dann tun sie das anders als wir im Westen. Wir fragen uns immer, was der Traum bedeutet, was uns die Symbole im Traum für unser Handeln sagen möchten oder was sie über unsere psychischen Probleme enthüllen können. Für die Taoisten sind die Träume dagegen eine Botschaft, die uns unser wahres Wesen aufdecken, die uns die Wahrheit über uns aufzeigen. Im Traum, so eine Grundbotschaft des Taoismus, wird das Wesen des Menschen aufgedeckt.

Es hat mir große Freude bereitet, tiefer in diese taoistische Philosophie und ihre Traumdeutung hineinzukommen. Ich wurde nicht nur in eine neue Welt hineingeführt, sondern entdeckte zugleich, dass viele Aussagen des Taoismus mit christlichen Aussagen übereinstimmen. Gerade die Leichtigkeit der Seele, die Bereitschaft, das Kind in sich zu entdecken – wie die Kinder zu werden, um es in der Sprache Jesu zu sagen –, haben mir viele Ähnlichkeiten zwischen der taoistischen Philosophie und der christlichen Theologie aufgezeigt.

Ich denke, ein Dialog zwischen diesen beiden Lebensweisheiten könnte auch uns Christen im Westen heute befruchten. Ein Gespräch mit unserem früheren Abt Fidelis Ruppert hat mich in dieser Auffassung bestätigt: Er meinte, der Taoismus sei dem Christentum näher als der Buddhismus, die andere geistige Tradition Chinas, die im Westen derzeit mehr »Zulauf« hat. Der Dialog zwischen Christentum und Taoismus könne der christlichen Theologie neue Einsichten bescheren. Mir selbst sind in der Tat manche Bibelstellen durch den Dialog mit der taoistischen Denkweise neu aufgegangen. Ein Beispiel dafür ist etwa das anstößige Wort Jesu am Ende des Gleichnisses vom unnützen Sklaven. Wir sollen uns – so fordert uns Jesus auf – immer sagen: »Wir sind unnütze Sklaven; wir haben nur unsere Schuldigkeit getan« (Lk 17,10). Spiritualität bedeutet: zu tun, was wir schuldig sind, was wir Gott oder uns selber schuldig sind, was wir dem Augenblick schulden. Tao – so sagt uns Laotse, der Begründer dieser chinesischen Tradition – ist das Gewöhnliche. Die Weisheit der taoistischen Philosophie besteht darin, das ganz Gewöhnliche zu tun, sich nicht als etwas Besonderes zu fühlen. Ob wir offen sind für das Tao – für den Weg Gottes, für den Geist Gottes –, das zeigt sich konkret in unserem alltäglichen Tun.

Im Gespräch mit Frau Wu berührten wir noch andere Gründe, warum wir uns gerade das Thema des Traumes für einen Dialog zwischen chinesischer und europäischer Denkweise ausgesucht haben. In Taiwan haben viele Christen offensichtlich Angst, sich mit den Träumen zu beschäftigen. Als ich vor allem im Zusammenhang mit dem Thema »Trauer und Trauerbegleitung« über die Träume sprach, in denen Verstorbene eine Rolle spielen, war schnell zu merken: Viele haben Angst, dass die Verstorbenen uns im Traum als Gespenster erscheinen. Wichtig sind im Volksglauben die ersten sieben Tage nach dem Tod. In der siebten Nacht – so glaubt man – erscheint der Verstorbene und gibt uns eine Botschaft. Er möchte uns auf etwas festlegen und uns Aufträge geben, die wir unbedingt erfüllen müssen. Sonst würde es für uns Unheil bedeuten und uns schaden. Die Christen in Taiwan wollen nichts mit Träumen zu tun haben, weil sie befürchten, auf diesem Weg dann die Angst erzeugenden Vorstellungen des Volksglaubens zu übernehmen. Aber natürlich haben auch die taiwanesischen Christen Träume. Und so brauchen sie eine Hilfe, mit ihren Träumen umzugehen.

In unserem Kulturkreis gibt es übrigens ähnliche Ängste. Da haben manche Angst, sich mit Träumen zu beschäftigen, weil sie mit ihnen allerhand Vorstellungen von kommendem Unglück verbinden. So traut man sich nicht, seine Träume anzuschauen. Um solche Ängste zu überwinden, ist es sinnvoll, vernünftig und sachgemäß über dieses Thema zu schreiben, sowohl aus der geistlichen Tradition heraus als auch von den Erkenntnissen heutiger Psychologie her.

In den Pfingstkirchen in Taiwan gibt es auch Pastoren, die die Träume der Gläubigen autoritär auslegen. Sie nehmen für sich in Anspruch, dass sie allein die Träume auslegen können, weil sie vom Heiligen Geist dafür begabt worden seien. Auch dann haben Christen Angst, ihre

Träume zu erzählen. Die Angst ist: Der Pastor könnte mich kontrollieren. Er könnte bestimmen, was für mich gut ist – wenn er allein weiß, was meine Träume bedeuten und was Gott mir damit sagen will. Doch das ist eigentlich spiritueller Missbrauch. Man missbraucht seine spirituelle Autorität, um andere von sich abhängig zu machen und sie durch Angst an sich zu binden.

Solchen Ängsten bin ich auch hierzulande begegnet. Allerdings hat man hier weniger Angst vor der Auslegung durch Priester. Hier sind die Psychologen in einer Rolle, die manche befürchten lässt: Die könnten mich durchschauen und meine verdrängten sexuellen Phantasien aufdecken oder mich psychologisch beurteilen und als krank oder wenigstens als verklemmt einstufen.

Geistliche Deutung und Bedeutung

Gegenüber diesen Ängsten, die Menschen in Deutschland wie in Taiwan haben, möchten wir die heilsame und hilfreiche Bedeutung der Träume aufzeigen. Wir beziehen uns dabei auf verschiedene Quellen. Die Bibel spricht von Träumen, und auch die geistliche Tradition nimmt die Träume ernst. So möchten wir im Hören auf die Bibel, auf die spirituellen Lehrer und auf die Einsichten der Psychologie mit Träumen so umgehen, dass wir darin eine Wegweisung für unser Leben erkennen können. Und wir möchten in den Lesern und Leserinnen das Vertrauen stärken, dass Gott selbst im Traum zu ihnen spricht, dass Gott ihnen im Traum einen Weg weisen möchte, wie das

Leben gelingt und wie sie das Potenzial, das in ihrer Seele steckt, entfalten können.

Wenn ich in unserem Gästehaus einen Traumkurs gebe, dann sind es immer spannende Kurse, bei denen auch viel gelacht wird. Denn die Träume richten sich nicht nach den Naturgesetzen und auch nicht nach unseren moralischen Maßstäben. Sie sind oft bunt, sie verwirren uns, und sie amüsieren uns. Sie können aber auch sehr ernst sein. Manche achten nur dann auf ihre Träume, wenn sie Alpträume haben. Sie haben ein Bedürfnis, die Alpträume zu erzählen, weil sie Angst vor ihnen haben und oft genug nichts mit ihnen anfangen können. Doch Alpträume sind keine schlechten Träume. Sie zwingen uns nur, den Traum anzuschauen und uns mit ihm zu beschäftigen. An Alpträumen können wir nicht vorbeigehen. Sie melden sich so deutlich zu Wort, dass wir sie beachten müssen.

Die Teilnehmer an diesen Seminaren sprechen freilich nicht nur über Alpträume, sondern auch über Tagträume. Solche Tagträume kommen uns oft in den Sinn, wenn wir beim Lesen etwas einnicken und dösen. Oder sie tauchen in uns auf, wenn wir im Zug fahren und die Landschaft betrachten. Auf einmal läuft vor unserem Geist ein Film ab. Auch solche Tagträume sind Äußerungen des Unbewussten. Und auch in ihnen kann uns Gott etwas sagen. Und manche erzählen von Klarträumen, in denen sie alles ganz klar gesehen haben. Es waren oft wichtige Erfahrungen, die sie in den Klarträumen gemacht haben. Da hatten sie den Eindruck, dass sie durchblicken, dass ihnen alles klar ist. Als sie aufgewacht waren, war diese Klarheit dann wieder weg. Aber der Traum zeigte ihnen, dass in ihrer Seele ein Punkt ist, an dem sie alles klar sehen.

Nicht alles, was wir in der Nacht träumen, hat eine tiefere Bedeutung. Es gibt auch viele Träume, die in der Tat einfach das, was wir tagsüber erlebt haben, »verdauen«. Aber die Traumforschung sagt, dass auch diese verdauenden Träume eine heilsame Wirkung auf uns Menschen haben. Wenn wir am Träumen gehindert werden, dann staut sich alles Erlebte in uns auf. Die Träume verdauen das Erlebte und machen uns am nächsten Tag wieder offen für das Neue, das auf uns einströmt.

Zu den Träumen gehören auch die Aktionen, die manche Schlafwandler vollziehen. Das Schlafwandeln könnte man als Ausagieren von unbewussten Themen verstehen. Eine Frau erzählte mir, dass sie morgens erschrocken war, als sie sich im Spiegel betrachtete. Sie hatte in der Nacht ihre langen Haare abgeschnitten. Und sie hatte Angst, sie würde im Traum noch lauter andere verrückte Dinge tun. Doch auch das Abschneiden der Haare ist symbolisch zu deuten. Und es wäre wichtig, dieses Tun wie einen Traum zu betrachten. Dann könnte diese Frau darüber nachdenken, was die Haare für sie bedeuten und was es heißt, sich die Haare abzuschneiden, sich in der eigenen Schönheit zu beschneiden oder die innere Kraft zu schwächen.

Ein anderes Thema ist das Verhältnis von Traum und Vision. Manche können nicht unterscheiden, ob sie einen intensiven Traum hatten oder eine Vision. Man muss das auch gar nicht unterscheiden. Die Vision ist wie ein Traum zu deuten. Sie malt etwas aus, was in der Psyche vor sich geht. Aber wie der Traum hat auch die Vision durchaus eine Bedeutung, nicht nur für den, der sie hat, sondern oft auch für andere Menschen. Aber Visionen sind nie objektive Erscheinungen, die man mit der Kamera festhalten könnte. Sondern es handelt sich immer um innerpsychische Bilder, die aber oft so klar erscheinen, dass man meint, man habe in der Realität etwas Außergewöhnliches gesehen.

Viele suchen in psychologischen Traumbüchern nach einer Deutung ihrer Träume. Das ist sicher hilfreich. Denn die Psychologie mit ihren ganz unterschiedlichen Schulen und Deutungsansätzen hat viel dazu beigetragen, unsere Träume zu deuten und zu verstehen. Doch vor aller Psychologie ist es die Bibel, die uns von Träumen erzählt. Und die geistliche Tradition hat die Träume immer beachtet. Sie waren eine wichtige Sprache Gottes für den, der sich auf den geistlichen Weg machte. So war es üblich, in der geistlichen Begleitung – etwa bei den Wüstenvätern – auch die Träume anzuschauen und miteinander zu besprechen.

Wenn wir die Träume auf dem spirituellen Weg betrachten, dann beschränken wir uns nicht auf religiöse Träume. Auch die Träume, die sehr irdisch sind und manchmal chaotisch, sind wichtig für den geistlichen Weg, insofern sie uns aufdecken, wie es um uns steht. Auf dem spirituellen Weg zu sein heißt für uns, dass wir unsere ganze Wahrheit Gott hinhalten, damit Gottes Geist alles, was wir ihm hinhalten, erhellen möge. Gott möge auch das Dunkel und Chaos unseres Unbewussten erhellen. Unter einem geistlichen Weg verstehen wir nicht nur ein geistliches Programm, das wir uns aufstellen und dann abarbeiten, sondern einen Prozess der Verwandlung. Und zu dieser Verwandlung gehört auch, dass alles in uns – auch die Tiefen unseres Unbewussten – von Gottes Geist durchdrungen wird. Die Träume laden uns ein, auch die Bilder unseres Unbewussten Gott hinzuhalten, damit die Verwandlung durch Gottes Geist in der Tiefe unserer Seele geschehen kann. Wir brauchen dann vor nichts in uns Angst zu haben. Auch wenn die Träume uns noch so viel Chaotisches oder Grausames aufdecken, sie vermitteln uns zugleich die tröstende Botschaft: Alles in dir kann verwandelt werden. Nichts in dir ist wirklich gefährlich, wenn du es Gott hinhältst. Denn Gottes Geist möchte in die Tiefe deiner Seele dringen, damit alles in dir vom Licht Gottes erhellt wird.

Wenn wir auf unserem spirituellen Weg auch die Träume beachten, gibt uns das auch innere Freiheit. Denn es befreit uns von der Vorherrschaft des Willens, der meint, er müsse uns mit Gewalt fromm machen. Wenn Gottes Geist auch die Tiefen unseres Unbewussten durchdringt, dann wird der Glaube nicht nur etwas rein Willensmäßiges. Er entspricht vielmehr unserem innersten Wesen. Wir müssen uns dann nicht mit unserem Willen zwingen, zu glauben, sondern wir glauben aus der Tiefe unserer Seele heraus. Der Glaube entspricht unserem Wesen.

Für uns haben die Träume vier Bedeutungen, die im Folgenden kurz skizziert werden. Und alle vier sind für den geistlichen Weg von Bedeutung:

1. Träume geben an, wie es um mich steht. Oft fragen wir einander: Wie geht es dir? Meistens antworten wir dann

recht oberflächlich: Es geht mir gut. Die Gesundheit ist in Ordnung. Und beruflich läuft alles gut. Doch der Traum antwortet auf diese Frage in Bildern. Da träumen wir z. B. von einem chaotischen Zimmer oder von einem Auto, das die Straße nicht findet, die weiterführt. Der Traum sagt: Nach außen hin ist alles in Ordnung. Aber in dir ist Unordnung. Und du bist nicht auf dem richtigen Weg. Du hast dich irgendwie verirrt. Solche Antworten, die der Traum uns gibt, wollen wir nicht so gerne hören. Aber es täte uns gut, uns vom Traum bzw. von Gott die Antwort auf die Frage nach unserem Befinden geben zu lassen. Sie wäre ehrlicher als die Antworten, die wir oft geben.

2. Die Träume zeigen, welche Schritte ich tun soll. Sie sind oft eine Mahnung, bewusster und achtsamer zu leben, die Augen aufzumachen. Wir legen uns ja oft selber ein geistliches Programm als bestimmtes Konzept zurecht. Das ist bei näherem Hinsehen nicht immer das, was wir wirklich brauchen. Doch der Traum sagt uns, was wir eigentlich beachten sollten. Ich habe eine Schwester vor ihrer ewigen Profess in Exerzitien begleitet. Auf die Frage, was sie anschauen möchte, meinte sie: Die Gemeinschaft. Da gebe es Probleme. Doch in der ersten Nacht der Exerzitien träumte sie: Sie ging von ihrer Arbeitsstelle über eine Wiese zum Kloster. Auf einmal kam eine Schlange und schlang sich um sie. Als sie mir den Traum erzählte, musste ich schmunzeln. Ich sagte ihr: »Du hast gedacht, dass die Gemeinschaft dein Problem ist. Doch der Traum zeigt dir, dass du ein anderes Thema anschauen solltest, bevor du dich für

immer an die Gemeinschaft bindest. Du musst dich mit der Schlange aussöhnen. Du kannst nicht ohne Schlange ins Kloster gehen. Schlange steht hier für die Sexualität und für den Instinktbereich. Du musst also mit deiner Sexualität ins Kloster gehen. Du kannst sie nicht draußen lassen. Daher geht es darum, dich mit deiner Sexualität auseinanderzusetzen und sie in dein geistliches Leben zu integrieren.«

3. Die Träume sind oft eine Verheißung. Träume, in denen Kinder vorkommen, zeigen uns z. B., dass in uns etwas Neues geboren wird, dass wir in Berührung kommen mit unserem einmaligen Bild, das Gott sich von uns gemacht hat. Die Träume sagen uns etwas zu, was wir bei uns noch nicht bewusst wahrgenommen haben. Aber oft verbinden sie die Zusage mit einer Mahnung. Wenn ich z. B. das ursprüngliche Bild in mir vernachlässige, dann kann sich das darin zeigen, dass ich im Traum mit etwas nicht achtsam umgehe. Eine Frau stellte im Traum den Kinderwagen, in dem das Kind schlief, im Keller ab. Sie verdrängte das Neue wieder ins Unbewusste. Der Keller steht hier für das Unbewusste. Der Traum war die Zusage: In dir entsteht Neues. Du kommst in Berührung mit dem ursprünglichen Bild Gottes in dir. Aber zugleich war er eine Mahnung: Geh sorgfältig mit dem inneren Kind in dir um. Verdränge es in deinem Alltag nicht wieder.

4. Die Träume sind Ort der Gotteserfahrung. Das gilt vor allem für die religiösen Träume, etwa für die Kirchenträume, oder für Träume, in denen religiöse Symbole auftreten. Diese Träume verstärken meinen Glauben.

Sie geben mir die Gewissheit, dass das Licht Gottes wirklich in mir ist, dass Gott bei mir ist und mein Leben trägt. C. G. Jung meint einmal: Im Traum gibt es keinen Atheisten. Da hat jeder religiöse Symbole, wie etwa Kugel, Kreis, Kreuz, Licht. Solche Träume sind oft ein Geschenk Gottes an mich, um meinen Glauben zu vertiefen oder neu zu entdecken.

»Gottes vergessene Sprache«

Aber nicht nur diese religiösen Träume sind für den geistlichen Weg wichtig, sondern alle Träume. John A. Sanford, ein anglikanischer Geistlicher und Schüler von C. G. Jung, nennt daher die Träume »Gottes vergessene Sprache«. Damit ist gemeint: Gott selbst spricht im Traum zu mir. Er deckt mir meine Wahrheit auf. Er mahnt mich, den Weg zu gehen, der meinem Wesen entspricht. Er zeigt mir auf, dass ich innerlich schon weiter bin, als es die äußere Situation anzeigt. Und Gott selbst stärkt meinen Glauben durch religiöse Träume.

Die Träume sind Gottes vergessene Sprache. Natürlich kennt er auch andere Sprachen und spricht zu uns auf vielfältige Weise: Er spricht zu uns etwa in der Bibel, und indem wir das Wort Gottes in der Bibel meditieren, erkennen wir seinen Willen für uns. Aber im frühen Mönchtum wurde das Sprechen Gottes in einem weiteren Horizont gesehen. Diese frühen Mönchspsychologen waren überzeugt: Gott spricht zu uns auch durch unsere Gedanken und Gefühle. Da deckt er uns unsere Wahrheit auf. Und Gott spricht zu uns durch unseren Leib. Gerade durch die Krankheiten und Gefährdungen des Leibes will Gott uns wachrütteln, damit wir gottgemäß leben. Gott spricht zu uns schließlich auch durch die Natur und durch die Dinge, die zum Symbol werden können. Jesus selbst hat uns die Sprache der Dinge gelehrt, wenn er z. B. sagt: »Ich bin der wahre Weinstock. Ich bin die Tür. Ich bin das lebendige Wasser.« Die Natur war für die Menschen früher immer eine Offenbarung Gottes. Gott zeigt uns im Werden und Vergehen der Natur etwas Wesentliches über das Geheimnis unseres Lebens. Und er spricht durch die Dinge zu uns, etwa durch den Ring, in dem er uns zusagt, dass er das Brüchige in uns zusammenhält und das Kantige in uns abrundet. Auch durch unsere Beziehungen spricht er zu uns und deckt uns die Wahrheit über uns selbst auf. Und sogar die Arbeit ist – gerade für den hl. Benedikt – ein wichtiges Kriterium, ob wir wirklich Gott suchen, ob es uns in unserem Leben um ihn geht oder um den eigenen Ehrgeiz.

Zu diesen Bereichen, in denen Gott selbst zu uns spricht, gehören also auch die Träume. Sie sind sowohl für die Bibel wie für die geistliche Tradition ein bevorzugter Ort seines Sprechens. Es gibt nun verschiedene Weisen des Verstehens. Ich kann die Träume – mit der christlichen Tradition – verstehen als Gottes vergessene Sprache, die mir etwas Wesentliches über mich aufdeckt. Oder ich kann die Träume – mit der taoistischen Tradition – als Gleichnisse verstehen, die mir das Wesen meines Menschseins veranschaulichen. So gesehen kann ich die Träume ähnlich deuten wie Gleichnisse. Schon Eugen Drewermann hat darauf hingewiesen, dass die Sprache der Gleichnisse Jesu der Sprache in den Träumen gleicht.

So sollen in diesem Buch beide Sichtweisen der Träume beschrieben werden: die abendländisch-christliche und die taoistische, die in Asien weit verbreitet ist.

Nicht jeder hat die gleiche Beziehung zum Traum. Aber dass jeder träumt, gleich ob er sich am Morgen noch daran erinnert oder nicht, das ist von der Forschung nachgewiesen. Offensichtlich gehört das Träumen zu einem gesunden Leben. Manche Träume sind allerdings nur Verdauungsträume, die das Erlebte des Tages seelisch verdauen. Manche Forscher sprechen auch von einer nächtlichen »Spülmaschine«, die das Gehirn reinigt. Wenn man am Träumen gehindert wird, dann hat das oft seelische Schäden zur Folge. Aber wir dürfen uns nicht unter Leistungsdruck stellen, als ob wir möglichst viel träumen sollten. Die Menschen sind verschieden begabt. Die einen hören Gottes Stimme eher im Traum, die anderen eher in der Bibel oder in der Stille der Meditation. Wir sollten nur offen sein für seine vergessene Sprache in den Träumen und damit rechnen, dass Gott im Traum zu uns sprechen kann. Wenn wir die Träume mit dem Vorurteil abwehren »Träume sind Schäume«, dann werden wir auch nicht auf sie achten und taub bleiben für die Stimme, die uns nachts im Traum ansprechen möchte. Allerdings sollten wir nicht werten. Wir dürfen nicht sagen: Wer mehr träumt, der lebt bewusster. Alles Werten ist unangebracht. Wir sollen damit rechnen, dass Gott zu uns im Traum spricht. Aber alles andere sollen wir ihm überlassen.

Und noch ein Kriterium ist uns wichtig für eine christliche Deutung der Träume: Die Deutung darf nie Angst machen. Auch wenn der Traum beim Erwachen in uns das Gefühl von Angst weckt, können wir ihn so deuten, dass er uns einen Weg ins Leben weist. Der Traum deckt uns unsere innere Wirklichkeit auf. Als Sprache Gottes ist er aber immer eine Sprache, die Leben in uns weckt und uns ein Haus bauen möchte, in dem wir uns zu Hause fühlen. Und wir dürfen den Traum nicht moralisierend deuten. Denn die Träume halten sich nicht an die Moral. Sie zeigen uns, wie das Leben ist. Und sie weisen uns einen Weg, den wir gehen sollen, damit unser Leben stimmig ist, damit es dem Bild entspricht, das Gott sich von jedem von uns gemacht hat. Die Deutung der Träume soll also unseren Glauben und unsere Hoffnung stärken und uns in unserem Leben zu größerer Liebe befähigen.

Erkenntnis in Bildern – Kraft der Träume

Nicht nur die Bibel und die geistliche Tradition haben die Träume geschätzt. Auch viele kreative Menschen, Künstler, Maler und Dichter, haben einen besonderen Zugang dazu.. Der Filmemacher Edgar Reitz sagte im Blick auf die Hauptfigur in seinem Film *Die andere Heimat*, einen Bücherwurm und Träumer in einem hessischen Dorf: »Wenn die Welt überhaupt etwas Schönes, Geschaffenes ist, kommt sie aus den Köpfen der Träumer und Fantasierer. Bei näherem Hinsehen sind die Empfindsamen, die sich etwas vorstellen können, die Schöpfer der Welt.«

Und von Friedrich Hölderlin stammt der Satz: »Ein

König ist der Mensch, wenn er träumt; ein Bettler, wenn er denkt.« Im Traum findet der Mensch offenbar zu einer Sprache, die seiner königlichen Würde entspricht. Da erkennt der Mensch nicht nur seine Abgründe, sondern auch den Glanz seines Wesens. Da ist sein Geist frei, und seine Seele ist beflügelt. Er betritt königliche und märchenhafte Räume, die ihn frei atmen und kreativ sein lassen. Ein Bettler ist der Mensch, wenn er denkt. Das Denken entspricht durchaus auch der Würde des Menschen. Doch unser Denken ist immer auch begrenzt. Es gibt nicht nur das philosophische und theologische Denken, das einen weiten Horizont eröffnet, sondern auch das alltägliche Denken, das sich in der täglichen Umgangssprache oder in der Sprache der Medien ausdrückt. Und diese Sprache ist im Vergleich zur reichen und bunten Sprache der Träume eine Sprache von Bettlern. Wir betteln um Erkenntnis, während der Traum uns in Bildern die wahre Erkenntnis vor Augen führt und eine Welt wahrscheinlich und wirklich werden lässt, die in der real vorfindbaren Wirklichkeit noch gar nicht existiert.

Was Friedrich Hölderlin mit seinem Wort gemeint hat, legt in wunderbarer Weise eine alte chinesische Geschichte aus, die uns der Taoist Liezi überliefert: Ein alter Diener hatte sein Leben lang sehr hart für einen strengen König gearbeitet. Der König war sehr bitter und ungerecht. Er wollte immer nur noch mehr Reichtum anhäufen und überlegte, wie er die Leute noch mehr auspressen könne. Auch sein Diener wurde von ihm ständig bedrückt und hart behandelt. Doch der alte Diener war immer fröhlich und verrichtete seine Arbeit voller Eifer, ohne sich je darüber zu beschweren. Einmal fragte man deshalb den alten Diener, warum er trotz seines bitteren Lebens so fröhlich und zufrieden arbeiten könne. Da sagte er: »Ich träume jede Nacht immer davon, dass ich ein König bin und glücklich und zufrieden. Da bin ich ganz ich selbst und kann tun, was ich will. Wenn ich die Hälfte meines Lebens glücklich bin, dann kann ich auch die andere Hälfte ein anstrengendes Leben führen. Damit sollte ich dann schon zufrieden sein: Ich bin im Traum glücklich. Tagsüber aber ist es anstrengend – aber warum sollte ich mich beklagen? Und weil ich tagsüber auch in meiner harten Arbeit gelassen bin, kann ich in der Nacht immer diesen schönen Traum haben.« Hier wird der Knecht zum König, weil er solche Träume hat. Der König jedoch ist in Wirklichkeit ein Knecht oder ein Bettler, weil er unzufrieden ist mit seinem eigenen Leben.

Über einen anderen Aspekt des Träumens hat die Dichterin Ilse Aichinger gesagt: »Träume sind wirksamer als Taten und Ereignisse. Träume bewahren die Welt vor dem Untergang.« Wenn wir in die Geschichte der Menschheit schauen, so waren es tatsächlich oft Träume, die die Welt verändert haben. Berühmt wurde die Rede von Martin Luther King vor Hunderttausenden von Menschen am Lincoln Memorial in Washington: *I have a dream*. Indem er während der Rassenkonflikte in den USA seine Vision von einem neuen Miteinander von Schwarz und Weiß vortrug, hat er dieses Miteinander auch der Verwirklichung nähergebracht. Wenn wir in diesem Sinn von einem Traum sprechen, meinen wir keinen nächtlichen Traum, sondern die bewusste Vorstellung von einer besseren

Welt, die der Realität, so wie sie besteht, vorausgreift, sie transzendiert. Aber auch diese bewussten Träume und Vorstellungen haben ihren Grund oft in nächtlichen Träumen und vorbewussten Bildern. In den Träumen ist mehr möglich, als wir uns in der Realität oft vorstellen. Wenn wir diesen Träumen und der Kraft dieser Bilder trauen, dann haben sie eine enorme Sprengkraft. Dann können sie das Antlitz der Erde verändern. Die Träume, die wir äußern, bringen auch andere Menschen mit ihren Träumen und Sehnsüchten in Berührung. Und so entwickeln diese eine Dynamik, und schließlich entsteht daraus eine Bewegung. Dom Hélder Câmara, der Erzbischof von Recife in Brasilien, hat das so ausgedrückt: »Wenn einer alleine träumt, ist es nur ein Traum. Wenn viele gemeinsam träumen, ist das der Anfang einer neuen Wirklichkeit.« Träume zu äußern und sie in die Wirklichkeit umsetzen zu wollen, das geht oft nicht ohne Widerstand ab. Der Mitbruder Hélder Câmaras, Óscar Romero, musste für seinen Traum von einer besseren, gerechteren Welt mit dem Leben bezahlen: Er wurde während einer Predigt im Auftrag der Mächtigen von einem Todesschützen ermordet. Aber der Traum von einer gerechteren Welt ist nicht tot. Wenn einer seinen Traum äußert und mit anderen teilt, regt er andere an, mit ihm zu träumen und so das Bewusstsein in der Welt zu verändern. Und von einem veränderten Bewusstsein kann auch eine Veränderung in der realen Welt ausgehen.

Die Dichterin Ilse Aichinger ist darüber hinaus davon überzeugt, dass Träume die Welt vor dem Untergang bewahren. In den Träumen liegt also ein Hoffnungspotenzial, das die Untergangsphantasien von Menschen überwindet. Untergangsphantasien drücken immer die Hoffnungslosigkeit dessen aus, der diese Phantasien hat. Er ist mit sich am Ende und muss sich das Ende der Welt ausphantasieren, um seinen persönlichen Untergang nicht eingestehen zu müssen. Solche Untergangsphantasien haben auch eine Sogwirkung auf destruktive Seelen. Daher haben wir mit unseren Träumen eine Verantwortung für die Welt, dafür, dass sie nicht untergeht, sondern auch in Zukunft ein guter Lebensraum für die Menschen bleibt.

Man kann das Wort von Ilse Aichinger auch anders verstehen: Im Traum ziehen wir uns in eine andere Welt zurück, in eine Welt jenseits der Taten. Und diese innere Welt tut uns gut. Sie bewahrt uns auch davor, in Aktionismus aufzugehen. Wir haben jede Nacht einen Zufluchtsort im Traum. Dort tauchen wir in eine andere Welt ein, damit wir diese Welt der Tageswirklichkeit bestehen können, die uns oft so feindlich gegenübersteht. Der Traum zeigt uns, dass wir es uns gönnen sollen, uns Zeit für andere Dinge zu nehmen als für die Tagesgeschäfte, die wir zu erledigen haben. Im Traum geht uns die innere Welt auf. Wir entdecken den göttlichen Wurzelgrund unserer Seele. Und das ist es, was uns gut tut.

Im Folgenden werde ich zunächst in der Bibel und in der geistlichen Tradition nach der Bedeutung der Träume fragen, um dann einige Aussagen heutiger Psychologie zu den Träumen zu bedenken. Erst dann möchte ich einige Träume und Traumbilder anschauen, aber immer mit dem Bewusstsein, dass es keine objektive Traumdeutung gibt. Wenn wir Träume betrachten, können wir dem, der uns einen Traum erzählt, nie genau sagen, was dieser Traum bedeutet. Wir können nur unsere Eindrücke und Assoziationen mit ihm teilen. Das kann dem Träumenden helfen, seinen Traum besser zu verstehen. Aber für uns ist die Haltung wichtig, die C. G. Jung fordert, wenn uns jemand einen Traum erzählt: Der Traum ist ein Kunstwerk. Wenn ich es anschaue, verstehe ich zunächst einmal gar nichts. Ich kann das Kunstwerk nur anschauen, um es kreisen. Dann kann es sich mir erschließen. Aber dieses Erschließen geschieht immer im Dialog mit dem Träumenden. Und der Träumende soll sich bei allem, was ich ihm von außen sage, auf sein eigenes Gefühl verlassen. Nur dort, wo er sich berührt fühlt, soll er weitersuchen, um den Traum zu verstehen. Dort, wo ich ihm noch so interessante Zusammenhänge erzähle, die ihn aber kalt lassen, soll er getrost davon überzeugt sein, dass das nichts mit seinem Traum zu tun hat.

2. Wahrheit, Weisung, Verheißung: Der Traum in der Bibel

Der Traum im Alten Testament

Sowohl das AT wie das NT berichten immer wieder von Träumen, in denen Gott zu den Menschen spricht. Wenn wir im Folgenden nur ganz kurz einige Träume streifen, dann vor allem, um deren Wirkung aufzuzeigen. Und ich möchte von den Träumen der Bibel aus immer auch einen Blick auf unsere Träume heute werfen.

Gen 28,10–22 berichtet von einem Traum Jakobs. Jakob ist auf der Flucht vor seinem Bruder Esau. Da nimmt er sich einen Stein in der Wüste als Kopfkissen und träumt:

»Er sah eine Treppe, die auf der Erde stand und bis zum Himmel reichte. Auf ihr stiegen Engel Gottes auf und nieder. Und siehe, der Herr stand oben und sprach: Ich bin der Herr, der Gott deines Vaters Abrahams und der Gott Isaaks. Das Land, auf dem du liegst, will ich dir und deinen Nachkommen geben.«

Der Traum deutet die Situation Jakobs. Von außen gesehen ist sie hoffnungslos. Er ist auf der Flucht und hat Angst vor seinem Bruder. Aber der Traum zeigt ihm, dass Gott bei ihm ist und ihn segnet. So hat der Traum eine positive, eine therapeutische Wirkung auf Jakob. Er kann sich dem Leben ohne Angst stellen. Er kann nun voll Vertrauen seinen Weg gehen, weil er Gottes Nähe um sich weiß, die ihn befreit von der Macht der Menschen. Als er aufwacht, erkennt er: »Wirklich, der Herr ist an diesem Ort, und ich wusste es nicht« (Gen 28,16). Gott selbst spricht im Traum zu Jakob und verheißt ihm Nachkommen und großen Besitz. Vor allem aber verheißt er ihm, dass er mit ihm sein werde:

»Ich bin mit dir, ich behüte dich, wohin du auch gehst, und ich bringe dich zurück in dieses Land. Denn ich verlasse dich nicht, bis ich vollbringe, was ich dir versprochen habe« (Gen 28,15).

Der Traum zeigt Jakob eine andere Wirklichkeit als die, die er real erlebt. Die Flucht und die Angst vor Esau sind seine bewusste Welt. Aber dahinter verbirgt sich das Eigentliche: Gott, der ihn begleitet und umgibt. Um das zu erkennen, braucht Jakob einen Traum. Der zeigt ihm, dass er mitten in seiner Bedrängnis, mitten in seiner Angst vor seinem Bruder Esau Gottes Segen erfährt.

Ähnliche Träume, wie sie die Bibel von Jakob erzählt, begegnen auch heute noch den Menschen. Es sind die Verheißungsträume. Oft hören wir etwa im Traum ein Wort. Wir wissen nicht, woher es kommt. Es ist auf einmal da. Und in diesem Wort wird uns oft ein Weg gezeigt. Oder es wird uns eine Verheißung gegeben. Ein Mann erzählte mir, er habe geträumt, dass er auf einem Weg durch den Wald geht. Auf einmal ertönt eine Stimme: »Es ist alles gut.« Er schaut sich um, um zu sehen, wer das Wort gesagt hat. Aber es ist niemand zu sehen. Es war einfach ein Wort. Aber dieses Wort ist wie die Verheißung, die Jakob in seinem Traum von der Himmelsleiter von Gott gehört hat.

Man könnte auch den nächtlichen Kampf Jakobs mit dem dunklen Mann – ist es ein Engel, ist es Gott selbst oder nur ein dunkler Mann? – als einen Traum verstehen (Gen 32,23–33). In der Nacht ringt Jakob mit einem dunklen Mann. Der Kampf geht auf Leben und Tod. Solche Ringkämpfe fechten auch wir manchmal im Traum aus. Da werden wir verfolgt und stellen uns dem Kampf. Der Traum will uns dann sagen: Wir sind dabei, uns dem eigenen Schatten zu stellen. Und der Schatten wird uns zum Segen. Der Kampf Jakobs verweist uns aber nicht nur auf den Schatten, den wir in uns tragen, sondern auch auf die Bedrängnisse unseres Lebens. Jakob erfährt, dass er von einem dunklen Mann bedrängt wird. Oft stellt sich in unserem Leben etwas gegen uns. Aber – so sagt uns dieser Traum: Mitten in der Bedrängnis, mitten in der äußersten Not dürfen wir auch wie Jakob Gottes Segen erfahren. Die Chinesen sprechen von der Bedrängnis als »geschminktem Segen«. Solange wir in unserer Angst, in unserer Bedrängnis stecken bleiben, erfahren wir keinen Segen. Aber der Traum deckt uns auf, dass wir mitten in unserer Bedrängnis von Gottes Segen umgeben sind. So ist die Bedrängnis letztlich wirklich ein – vielleicht bis zur Unkenntlichkeit – »geschminkter Segen«. Der Traum zeigt uns diesen Segen, der hinter der dunklen Gestalt der Bedrängnis sichtbar wird und uns auf unserem Weg begleitet. Hinter der oberflächlichen und zudeckenden Fassade erkennen wir im Traum das, was uns immer begleitet: den Segen Gottes, der uns wie ein schützender Mantel einhüllt.

Manche bekommen Angst, wenn sie in der Nacht von

Verfolgung oder von Kämpfen oder vom Krieg träumen. Solche Träume verweisen oft auf die inneren Kämpfe, die wir mit uns selber, mit unseren Schattenseiten, ausfechten, und auf den Krieg, der in uns stattfindet. Der Jakobstraum der Bibel will uns sagen: Auch solche Kampfträume sind keine schlechten Träume, keine Träume, die uns Angst machen wollen, sondern die uns zusagen, dass Gottes Segen uns überall begegnet, gerade auch dort, wo wir Bedrängnis und Not erfahren.

Eine wichtige Rolle spielen Träume in der Josefsgeschichte. Zuerst träumt Josef selbst, dann deutet er die Träume des Pharao. Josef träumt, dass die Garben sich vor ihm beugen und dass Sonne, Mond und Sterne sich vor ihm verneigen (Gen 37,5–11). Im Traum *sieht* er, der jüngste Sohn, der nichts gilt, wer er eigentlich ist. Der Traum zeigt ihm seine Berufung, seine Größe und seine Begabung. Aber er macht ihn auch einsam. Denn seine Brüder ärgern sich über seinen Traum, über seine Besonderheit. Sie haben den Eindruck, dass sich ihr jüngster Bruder durch seinen Traum über sie stellen möchte. So hat das Erzählen des Traumes für Josef zunächst eine negative Wirkung. Doch die Brüder können die Erfüllung seines Traumes nicht verhindern. Gerade indem sie ihn umbringen wollen, werden sie zu Gehilfen seiner Verheißung. Für Josef selbst ist der Traum ein Begleiter in all seinen Nöten und Bedrängnissen. Er weiß, dass die Gefangenschaft nicht die wahre Wirklichkeit ist, sondern dass Gott durch all die Umwege hindurch doch nur erfüllt, was er ihm im Traum verheißen hat. Der Traum gibt Josef das Vertrauen, nicht aufzugeben, sondern weiter zu kämpfen und auf Gottes Hilfe zu hoffen. Auch wenn sein Leben hoffnungslos erscheint, als er da hilflos in der Zisterne sitzt und später der Willkür der damaligen Gefängnisse ausgesetzt ist, so hält Josef doch daran fest, dass Gott etwas mit ihm vorhat.

Menschen, die ich begleite, erzählen mir oft ähnliche Träume. Nach außen hin stecken sie in einer Depression. Da sitzen sie in der dunklen Zisterne wie Josef. Und sie haben den Eindruck, dass kein Licht sie da erreicht, dass alles hoffnungslos ist. Doch dann träumen sie auf einmal von einem Licht. Sie sehen sonst nichts als ein helles, warmes Licht. Sie können den Traum nicht deuten und müssen ihn auch nicht deuten. Denn der Traum hinterlässt in ihnen ein Gefühl von Geborgenheit und Helligkeit. Der Traum verwandelt ihre Depression. Die Depression ist nicht einfach weg. Aber wenn sie sich an diesen Traum erinnern und das Traumbild in sich »einbilden«, dann wandelt sich das Dunkle in ihnen, und sie bekommen wieder neue Zuversicht.

Im Gefängnis deutet Josef die Träume seiner Mitgefangenen. Er sieht ihnen am Morgen an, dass sie missmutig sind (Gen 40,6). Träume haben eine Wirkung auf die Menschen. Nach manchen Träumen wachen wir froh und zuversichtlich auf, nach anderen fühlen wir uns gerädert, wir wachen in Panik auf und sind den ganzen Tag hindurch unruhig und traurig. So auch hier: Die Gefangenen, so lesen wir, waren missmutig, weil sie ihre Träume nicht deuten konnten. Wenn wir nichts damit anfangen können, obwohl wir ahnen, dass sie etwas Wichtiges bedeuten, dann sind auch wir ratlos und bedrückt. Josef sagt zu den Gefangenen: »Ist nicht das Träumedeuten Sache Gottes?« (Gen 40,8). Wenn Gott zu uns im Traum spricht, dann kann auch er allein uns deuten, was er durch die Traumbilder meint. Wir brauchen das Gebet, um den Traum zu erkennen. Wenn wir nur in psychologischen Büchern nachschlagen, kommen wir nicht weiter: Wir sollen also mit Gott darüber sprechen, was er uns eigentlich sagen will.

Dem Obermundschenk deutet Josef seinen Traum positiv, dem Oberbäcker negativ. Der Obermundschenk wird wieder in seine Stellung eingesetzt, der Oberbäcker aber wird nach drei Tagen aufgehängt werden. Träume sind also nicht nur positiv. Sie wollen uns die Wahrheit über uns sagen, auch wenn sie gefährlich, ja tödlich ist. Aber gerade so wollen sie uns in die Wahrheit führen und unser Leben verwandeln. Die falschen Propheten im Alten Testament deuten alle Träume immer positiv, während die echten Propheten die Wahrheit verkünden, weil nur die Wahrheit frei machen kann.

Der Obermundschenk vergaß nach seiner Freilassung Josef und seine Traumdeutung. Erst als der Pharao zwei Jahre später den Traum von den sieben fetten und den sieben mageren Kühen, von den sieben prallen Ähren und den sieben kümmerlichen Ähren hatte und die Weisen Ägyptens diesen Traum nicht deuten konnten, erinnerte er sich an den jüdischen Sklaven. Und er erzählte dem Pharao, dass die Deutung, die Josef den Träumen der Mitgefangenen gegeben hatte, auch in der Realität eingetroffen war. So ließ der Pharao Josef rufen. Und der deutete dem Pharao die beiden Träume: »Gott ließ den Pharao sehen, was er vorhat: Sieben Jahre kommen, da wird großer Überfluss in ganz Ägypten sein. Nach ihnen aber werden sieben Jahre Hungersnot heraufziehen. Da wird der ganze Überfluss vergessen sein, und Hunger wird das Land auszehren« (Gen 41,28–30).

Die Deutung der Träume durch Josef befähigt den Pharao, auf die wirtschaftliche Situation angemessen zu reagieren. Der Traum ist also eine Hilfe, mit der äußeren Realität richtig umzugehen. Er macht weise, lenkt meinen Blick über die Tagesereignisse hinaus und lässt mich in die Zukunft blicken. Aber die Zukunft ist nicht einfach festgelegt. Der Blick in die Zukunft hat nur den Sinn, dass ich mich darauf einstelle und auf geeignete Weise darauf reagiere. Die Träume haben in der Josefsgeschichte die Funktion, uns mit der Wahrheit unseres Lebens zu konfrontieren und uns herauszufordern, dass wir uns der Wahrheit stellen und richtig darauf antworten. Und sie wollen uns die Augen für die Zukunft öffnen, damit wir uns darauf einrichten.

Der Pharao richtet seine Politik nach den Träumen aus. Ein guter Politiker war im Alten Testament jemand, der auf seine Träume hörte und sie zu deuten verstand. Heute ist Politik oft ein Tagesgeschäft. Wir bräuchten auch Politiker, die Träume haben und ihren Träumen trauen. Das wäre sicher zum Wohl des Landes und der ganzen Welt. Der Pharao richtete seine Politik nicht einfach nach seinem eigenen Willen, sondern nach dem Willen Gottes. Er fragte Gott, wie er sein Volk regieren solle. Und Gott sprach zu ihm im Traum.

Die Israeliten waren überzeugt, dass Gott im Traum

zu uns spricht. Im Buch Numeri sagt es ihnen Gott selbst:

»Wenn es bei euch einen Propheten gibt, so gebe ich mich ihm in Visionen zu erkennen und rede mit ihm im Traum. Anders bei meinem Knecht Mose … Mit ihm rede ich von Mund zu Mund, von Angesicht zu Angesicht, nicht in Rätseln. Er darf die Gestalt des Herrn sehen« (Num 12,6–8).

In den Träumen spricht also Gott mit uns, aber es ist eine dunkle Sprache, eine Sprache in Rätseln. Wir sind jedoch darauf angewiesen, auf die Träume zu hören, wenn wir Gottes Wort für uns vernehmen wollen, wenn wir wissen wollen, wie wir richtig leben können. In unserem bewussten Leben sind wir oft blind und taub gegenüber Gott. Wir übersehen, was er uns sagen will. Wir hören nur auf unsere eigenen Gedanken oder auf die der Menschen um uns herum. Aber wir überhören Gottes Stimme. Da muss er sich in unseren Träumen vernehmbar machen. So sind die Träume für die Israeliten etwas Heiliges, da Gott uns darin berührt und anspricht. Aber er spricht nicht nur, er erscheint auch in Visionen. Wenn die Bibel von Visionen spricht, dann meint sie nicht außergewöhnliche Ereignisse, Geschehnisse, die wir im Film festhalten könnten. Es sind immer Erscheinungen für Menschen gemeint: Erscheinungen, die sich in unserer Psyche bemerkbar machen und die wir mit unserem inneren Auge wahrnehmen können. Das sind keine Einbildungen, sondern Widerfahrnisse, genauso wie die Träume, die uns ja auch widerfahren, die wir uns nicht selbst einbilden. Gott gibt sich im Alten und im Neuen Testament immer wieder in Visionen zu erkennen. Im Schlaf, im Traum, da kann auf einmal der Schleier von unseren Augen gezogen werden, und wir erkennen klar. Wir sehen auf einmal, was das tiefste Geheimnis unseres Lebens ist.

Ein zentraler Traum im Alten Testament ist der, der dem Propheten Samuel widerfährt. Zu Samuel spricht Gott mitten in der Nacht. Er ist noch ein Kind und schläft im Tempelbezirk. Da wacht er dreimal auf, weil Gott ihn ruft. Dreimal versteht er die Stimme nicht. Er geht jedes Mal zu dem Priester Eli. Der nimmt die Träume des Kindes ernst und sagt ihm, er solle auf die Stimme des Herrn antworten: »Rede, Herr, dein Diener hört.« (1 Sam 3,9). Diese Stelle wurde für den amerikanischen Geistlichen Morton Kelsey zum Schlüsselerlebnis. Kelsey litt an Schlafstörungen und suchte deshalb einen Therapeuten auf, um davon befreit zu werden. Doch der fragte ihn, ob er schon einmal überlegt habe, ob nicht Gott mit ihm reden möchte, wenn er nicht schlafen kann. Und der Therapeut erinnerte an Samuel. Wir sollten wie Samuel sagen: Rede, Herr, dein Diener hört. Der Geistliche befolgte diesen Rat. Und seitdem, so berichtet er, sind ihm die Stunden, da er nicht schlafen kann, die wichtigsten. Die besten Gedanken für seine Bücher kommen ihm in der Nacht. Er hört dann darauf, was Gott ihm sagen möchte. Er hat ein Heft parat, um die wichtigsten Gedanken aufzuschreiben. Dabei fehlt ihm der Schlaf nicht. Er fühlt sich morgens nicht gerädert. Die Nacht ist ihm etwas Heiliges, weil sie der Ort seiner intensivsten Gotteserfahrungen ist. Auch zu uns möchte Gott in der Nacht sprechen. Dann, wenn wir das Heft aus der Hand gegeben haben, kann er viel leichter zu uns vordringen. Doch es bedarf unserer Ehrfurcht und inneren Wachsamkeit, um sein Wort in der Nacht zu vernehmen.

Beeindruckend ist auch der Traum Sauls: Saul erfährt kurz vor seinem Tod, dass Gott nicht mehr zu ihm spricht. Er ist ganz verzweifelt, weil er nicht mehr weiß, was er tun soll und welche Schritte richtig sind. So geht er in seiner Verzweiflung zu einer Totenbeschwörerin und lässt durch sie den verstorbenen Samuel rufen, damit er ihm den Weg weise. Als Samuel ihn zurechtweist, antwortet Saul:

»Ich bin in großer Bedrängnis, die Philister führen Krieg gegen mich, und Gott ist von mir gewichen und hat mir keine Antwort mehr gegeben, weder durch die Propheten noch durch die Träume. Darum habe ich dich gerufen, damit du mir sagst, was ich tun soll« (1 Sam 28,15).

Weil die Träume von Saul gewichen sind, hat er keine Orientierung mehr. In den Träumen hat Gott ihm immer den Weg gewiesen. Nicht durch reines Nachdenken hat er erkannt, was richtig war, sondern im Hören auf Gott. Und Gott sprach durch andere Menschen, die Propheten, zu ihm oder durch die Träume. Aber die Träume kann man nicht erzwingen, sie sind ein Geschenk von Gott. Wenn Gott auch in den Träumen verstummt, dann werden wir orientierungslos. Unsere tiefsten Überzeugungen, die uns tragen, entstammen nicht rationaler Überlegung, sie haben tiefere Wurzeln. Und eine der Wurzeln ist auch der Traum, der uns eine innere Gewissheit gibt, was für uns stimmt. Das Hören auf die Träume ist nach dieser

Bibelstelle also nicht etwas Abergläubisches, sondern eine Weise der Gottesfurcht. Weil wir mit Gott in unseren Träumen rechnen, achten wir auf sie. Und wir sind froh, wenn er uns in den Träumen immer wieder sagt, welche Schritte nun für uns fällig sind. Die Traumbilder geben uns die Richtung an, in die wir dann selber gehen sollen.

Es gibt im AT freilich nicht nur positive Aussagen über den Traum. Gerade die Weisheitsbücher sind skeptisch gegenüber den Träumen. Sie trauen mehr dem Verstand und der menschlichen Weisheit. So sagt Jesus Sirach: »Träume haben schon viele in die Irre geführt; weil sie ihnen vertrauten, sind sie gestrauchelt« (Sir 34,7). Allerdings rechnet der Weisheitslehrer auch damit, dass Gott dem Menschen einen Traum zur Warnung schicken kann. Doch er warnt davor, sich durch Träume etwas vorzugaukeln, was nicht der Wirklichkeit entspricht.

Träume im Neuen Testament

Im Neuen Testament spielt der Traum vor allem bei Matthäus eine große Rolle. Die Geburt Jesu wird von Träumen begleitet. Es ist sicher nicht zufällig, dass es Josef ist, der da immer wieder träumt. Der Josef bei Matthäus erinnert uns an die Josefsgeschichte im Alten Testament. Matthäus versteht Jesus als den neuen Mose. Mit Jesus spricht Gott auch von Angesicht zu Angesicht, wie zu Mose. Josef, der Mann Marias, erfüllt letztlich das, was der alttestamentliche Josef mit dem Traum erfahren hat. Träume bestimmen das Handeln Josefs. Josef schafft einen

Schutzraum, in dem Jesus heranwachsen kann. Der Josef des Alten Testaments hat seinem Vater Jakob und damit dem ganzen Volk Israel für 400 Jahre einen Schutzraum geschaffen, in dem das Volk zu dem geworden ist, wozu Gott es formen wollte.

Matthäus berichtet von fünf Träumen. Die Zahl »fünf« ist für Matthäus von großer Bedeutung. Im Stammbaum werden fünf Frauen eigens genannt. Fünf ist die Zahl der Venus, der Liebe, die das Gesetz ablöst. Fünf steht für die Vereinigung von Frau (= zwei) und Mann (= drei). Die Fünf ist auch die Zahl des Überschritts ins Göttliche, nach dem Einen, der alles Irdische durchdringt. Wenn man diese Zahlensymbolik auf die fünf Träume in der Geburtsgeschichte des Matthäus anwendet, könnte man sagen: Die Träume verbinden in uns das Männliche und das Weibliche. Die Träume richten sich nicht nach dem Gesetz, sondern wollen den Menschen mit der Quelle der Liebe in Berührung bringen. Und sie weisen auf den Urgrund allen Seins hin. C. G. Jung wird das später den »unus mundus«, die »eine Welt« nennen, die unter allem Verschiedenen als Grundlage da ist. Im Traum haben wir teil an dieser einen Welt, am Wurzelgrund allen Seins. Daher sind wir im Traum mit allem verbunden. Die Grenzen von Raum und Zeit werden im Traum überschritten.

In den Träumen, die Matthäus erzählt, erscheint jeweils ein Engel dem Josef – bzw. den Magiern – und vermittelt Gottes Botschaft. Wenn man die Geburtsgeschichte des Matthäus mit der des Lukas vergleicht, so wird deutlich: Bei Lukas erscheint der Engel dem Mann Zacharias bei seinem Dienst im Tempel. Doch der Mann hört nicht auf den Engel. Er hat seine rationalen Argumente, um sich dagegen zu wehren. Die Frau Maria dagegen lässt sich auf den Engel ein. Sie hat ein Gespür für das, was der Engel ihr sagen möchte. Man könnte sagen: Der Engel hat beim Mann nur dann eine Chance, wenn er ihm im Traum erscheint. Denn im Traum ist der innere Kritiker des Mannes ausgeschaltet. Da kann er sich gegen die Botschaft des Engels nicht wehren. Er kann zwar den Traum beim Erwachen verdrängen. Aber es gibt eben Träume, die man nicht verdrängen kann, weil sie so intensiv sind. Solche Träume hat offensichtlich Josef geträumt.

Die erste Bedeutung des Traumes in der Geburtsgeschichte bei Matthäus ist: Der Engel deutet im Traum das Geschehen, das Josef mit seinem Verstand nicht verstehen kann. Josef weiß, dass seine Frau schwanger ist, und zwar nicht von ihm. Also will er sie heimlich entlassen. Er will barmherzig mit ihr umgehen, ihr gerecht werden. Das sind seine Überlegungen. Doch mitten in diese Überlegungen hinein deutet der Engel dem Josef das Geschehen um Maria: »Josef, Sohn Davids, fürchte dich nicht, Maria als deine Frau zu dir zu nehmen; denn das Kind, das sie erwartet, ist vom Heiligen Geist« (Mt 1,20). Im Traum versteht Josef, was geschehen ist. Seine Frau hat keinen Ehebruch begangen. Es ist etwas Heiliges mit ihr geschehen, etwas, das Gott selbst an ihr bewirkt hat. Aber der Traum ist auch ein Befehl. Und Josef folgt dem Befehl. Er nimmt seine Frau zu sich. Er gibt dem Kind einen Schutzraum. Und um diesen Schutzraum geht es auch in den anderen vier Träumen – dem Traum der Sterndeuter und den drei weiteren Träumen, die Josef träumt.

Als das göttliche Kind geboren war, machten sich Sterndeuter aus dem Osten auf den Weg, um das Kind anzubeten. Auch sie hören auf Träume. Aber sie verbinden ihre Träume mit der Wissenschaft von den Sternen und mit ihrem geschichtlichen Wissen. So erreichen sie ihr Ziel. Der Stern weist ihnen den Weg, sie forschen in Jerusalem nach dem Kind. Und als sie es gefunden haben, fallen sie nieder und beten es an. Im Traum erfahren sie von Gott, dass sie auf einem anderen Weg heimziehen sollen. Und sie gehorchen, genau wie Josef, dem nun wieder ein Engel im Traum erscheint, um ihn zur Flucht nach Ägypten aufzufordern. Der Traum rettet das Kind vor der Gewalt des Herodes. In Ägypten träumt Josef noch einmal. Wieder ist es ein Engel, der ihm im Traum erscheint und ihm verkündet, dass Herodes gestorben ist (Mt 2,19f). Josef folgt dem Traum und zieht zurück in das Land Israel. Unterwegs träumt er noch einmal. Der Traum gibt ihm den Befehl, nicht nach Judäa zurückzukehren, sondern nach Galiläa. Die Träume bestimmen also nicht nur das Handeln des Josef, sondern auch das Schicksal Jesu. Sie schützen Jesus vor den Gefahren von außen. Das ist auch eine Botschaft für uns heute. Träume zeigen uns oft, was wir tun und wie wir uns verhalten sollen, um das göttliche Kind in uns zu schützen. Sie schaffen uns einen Schutzraum, damit das innere Kind in uns heranwachsen kann, bis es stark genug ist, sich der Wirklichkeit zu stellen.

Josef gehorcht seinen Träumen, doch Pilatus hört nicht auf den Traum seiner Frau, die ihm bezeugt, dass Jesus unschuldig ist, und ihn auffordert, seine Hände von diesem Mann zu lassen (Mt 27,19). Die Gerichtsverhandlung kann nicht erweisen, ob Jesus schuldig ist oder nicht. Doch der Traum der Frau zeigt deutlich seine Unschuld. So erkennen wir im Traum oft das Wesen eines Menschen. Unsere bewusste Sicht hängt sich fest an äußeren Dingen. Und sie ist oft genug getrübt von unseren Projektionen. Im Traum sagt uns Gott, wer der andere wirklich ist und wie wir uns ihm gegenüber verhalten sollen. Doch der Mann Pilatus tut sich schwer, dem Traum seiner Frau zu vertrauen und zu folgen. Matthäus zeigt uns, dass Männer sich schwer tun, auf die Träume zu hören. Frauen sind eher bereit, den Träumen zu trauen. Nur Josef macht eine Ausnahme. Er lässt sich ein auf den Engel, der ihm immer wieder im Traum erscheint.

Bei Lukas spielen die Träume vor allem in der Apostelgeschichte eine große Rolle. Träume ermöglichen die Heidenmission und die Ausweitung der Mission nach Europa. Die Heidenmission wird von zwei Träumen eingeleitet. Der Hauptmann Kornelius träumt von dem Engel, der ihm befiehlt, er solle einige Männer zu Petrus schicken, um ihn in sein Haus zu holen (Apg 10,3). Gleichzeitig sieht Petrus in einer Vision ein großes Tuch mit vierfüßigen Tieren. Und er bekommt den Befehl, von den vierfüßigen Tieren zu essen, was einem Juden strikt verboten war (Apg 10,9ff). Petrus versteht das Traumbild nicht. Er ist nur ratlos. Da klopfen im gleichen Augenblick die Männer des Kornelius an seine Tür und bitten ihn, mit ihnen zu gehen. Ohne den Traum wäre Petrus, der noch ganz im jüdischen Gesetzesdenken befangen war, nie mit zu den Heiden gegangen. Doch der Traum hat die Enge seines Denkens gesprengt und ihn ermutigt, auch die Heiden zu taufen. Als Begründung für sein Tun gibt er den Traum an. Diese Begebenheit zeigt, welch eminente Bedeutung man dem Traum in der Urkirche zumaß. Der Traum entscheidet über den Gang der Mission. Er durchbricht menschliche Widerstände und gibt dem göttlichen Wirken Raum in Menschen, die von sich aus sehr eng sind. Er weitet ihren Horizont und treibt sie zu ungewohntem Tun an.

In der Begleitung habe ich immer wieder erlebt, dass Menschen von Bildern geträumt haben, die ihr enges Denken durchbrochen haben. Ein Mann erzählte einen Traum, in dem zwei Männer, ein alter und ein junger, zusammenbrechen und in die Mitte gelegt werden. Dann ist in dem Raum eine schwangere Frau, die auch in die Mitte gelegt wird. Er selbst steht zwischen den sterbenden Männern und der schwangeren Frau. Da erkennt er, dass er sich durch seine Schuldgefühle oft selbst am Leben gehindert hat. Der Traum gibt ihm den Mut, sich für das Leben – für die schwangere Frau – zu entscheiden. Alle Ermahnungen, er sollte besser mit sich umgehen, haben seine Schuldgefühle nicht auflösen können. Doch der Traum hat ihn ermutigt, dem Leben zu trauen.

Wie sehr Träume das Handeln der Urkirche bestimmen, zeigt sich auch in einer nächtlichen Vision des hl. Paulus. Im Traum erscheint ihm ein Makedonier und bittet ihn: »Komm herüber nach Makedonien und hilf uns!« (Apg 16,9). Und Paulus folgt der Einladung, weil er überzeugt ist, dass Gott ihn berufen hat, dort das Evangelium zu verkünden. So nimmt auf einen Traum hin die Mission in Europa ihren Anfang. Eine solch weitreichende Entscheidung in der Missionsgeschichte wurde also nicht aufgrund von bewussten strategischen Überlegungen gefällt, sondern aufgrund eines Traumes. Ein Traum ist es auch, der Paulus sicher nach Rom führt. Als die Matrosen im Sturm auf dem Meer schon alle Hoffnung aufgegeben haben, da erscheint dem Paulus ein Engel im Traum und zeigt ihm die Rettung an. Paulus verkündet seinen zuversichtlichen Traum der ganzen Mannschaft, und auch die hört darauf (Apg 27,22–26). So ernst nahmen die Menschen damals die Träume. Heute würde jemand nur verlacht, wollte er seine Gewissheit der Rettung auf einen Traum gründen.

In der Apostelgeschichte gibt es noch eine wichtige Stelle über die Träume, nämlich die Pfingstpredigt des Petrus. Petrus erinnert die Leute an die Verheißung des Propheten Joel: »Ich werde von meinem Geist ausgießen über alles Fleisch. Eure Söhne und eure Töchter werden Propheten sein, eure jungen Männer werden Visionen haben, und eure Alten werden Träume haben« (Apg 2,17 = Joel 3,1f). Träume zu haben ist also das Wirken des Heiligen Geistes. Der Heilige Geist selbst schickt uns die Träume und Visionen. Im Traum steckt die Verheißung, dass Gottes Geist an uns handelt und uns immer mehr verwandelt in den Menschen, wie ihn Gott sich gedacht hat.

Dreifache Bedeutung

So hat der Traum in der Bibel eine dreifache Bedeutung. Einmal enthüllt er mir die Wahrheit über mich und über andere Menschen, über meinen persönlichen Zustand und über das Geheimnis meines Lebens, aber auch über die politische und religiöse Situation einer Gemeinschaft oder eines einzelnen Menschen. Der Traum korrigiert und ergänzt meine bewusste Sicht, aber er eröffnet auch ganz neue Horizonte. Er lässt die Wirklichkeit in ihrem wahren Licht erscheinen. Gott zeigt mir dann im Traum die Wahrheit, er zieht den Schleier weg, der über der Wirklichkeit liegt. Aber der Traum ist auch Ort direkter Gottesbegegnung. Gott sendet nicht nur Botschaften über die Wirklichkeit, sondern er tritt uns entgegen, er kämpft mit uns wie im nächtlichen Ringen mit Jakob (Gen 32,23–33), und er gibt sich selbst zu erkennen, er erscheint in Visionen und lässt sich in den Bildern des Traumes schauen.

Die zweite Bedeutung der biblischen Träume ist die konkrete Weisung. Gott gibt uns im Traum an, was wir tun und welchen Weg wir einschlagen sollen. Er zeigt uns, wie wir uns entscheiden sollen, und hilft uns so, eine Orientierung in unserem Leben zu finden. In der klaren Weisung liegt etwas Befreiendes, Eindeutiges. Wenn Gott im Traum einen Befehl erteilt, dann bleibt uns nichts übrig, als zu gehorchen, selbst wenn wir den Sinn der Weisung nicht einsehen. Der Traum ist keine Gedankenspielerei, sondern er geht uns unbedingt an. Er hat Auswirkungen auf unser Tun, er verwirklicht sich in konkreten Taten in dieser Welt, ja er bestimmt wichtige historische Entscheidungen und Entwicklungen. Er setzt ein Geschehen in Gang, das weitreichende Folgen für alle Menschen hat. Gott selbst greift im Traum in die Geschichte ein und lenkt sie nach seinem Ratschluss und Willen. Und Gott überwindet im Traum oft unsere unbewussten Widerstände gegen seinen Willen, gegenüber dem, was jetzt zum Leben und zum Heil führen will.

Die dritte Bedeutung des Traumes in der Bibel ist die Verheißung. Der Traum verheißt uns, dass der Heilige Geist selbst an uns handelt. Der Traum – so sagt es uns der Text Apg 2,17–21 – weist uns darauf hin, dass Gott selbst das Wunder der Verwandlung an uns wirkt. Und der Traum zeigt uns, wie wir Heilung und Rettung, Erlösung und Befreiung erfahren können. Der Traum ist die Verheißung, dass alles gut wird mit uns, dass unser Leben gelingen wird. Der Traum zeigt uns, dass Gott mit uns ist und an uns handelt zu unserem Heil und Segen.

3. Gotteserfahrung und Selbstbezug: Der Traum in der geistlichen Tradition

Die Kirchenväter: Inspiration und Kraft durch Träume

In der frühen Kirche schrieb man dem Traum in Anlehnung an die griechische und die biblische Tradition eine positive Funktion zu. Origenes, einer der bedeutendsten Theologen der frühen Kirche (185–254), hat den biblischen Glauben mit der griechischen Philosophie verbunden und versucht, die Aussagen der Bibel so zu erklären, dass auch in der griechischen Kultur beheimatete gebildete Menschen die Weisheit des christlichen Glaubens erkennen konnten. Er stellt fest, dass viele durch Träume und Visionen zum Christentum geführt würden. Der Traum kann also einen Menschen zu Gott führen. Und es waren auch Träume, die ihm als einem philosophisch gebildeten Griechen die Augen für den Glauben geöffnet haben. Tertullian, einer der wichtigsten lateinischen Kirchenväter (160–220), übernimmt in seinem Buch über die Seele diese Sicht der Träume, wie wir sie bei dem Griechen Origenes vorfinden: »Ist es nicht allen Menschen bekannt, dass Gott sich dem Menschen am besten durch den Traum offenbaren kann?« Eine bedeutende Rolle spielen die Träume dann in den Märtyrerakten. Der greise Polykarp, der noch ein Schüler des Evangelisten Johannes war (68–156), träumt drei Tage vor seinem Tod, dass sein Kopfkissen in Flammen stehe. Und er sieht das als Hinweis auf seinen Tod in den Feuerflammen. Im Bericht über das Martyrium von Perpetua und Felicitas, zwei römischen Frauen, die ihren Glauben vor dem römischen Statthalter bekannt haben, wird eine Reihe von Träumen erzählt. Die Träume zeigen den beiden, was sie durchstehen müssen und was sie bei Gott erwartet. Sie geben ihnen also die Kraft, ihr Martyrium zu bestehen. Gott selbst stärkt und tröstet sie im Traum.

Die griechischen Kirchenväter sind von der Hochachtung der Träume beeinflusst, die sie in ihrer Umwelt vorgefunden haben. Sie verbinden die beiden Quellen, aus denen sie schöpfen: die Bibel, die von Träumen erzählt, und die griechische Volksmedizin, die viele Traumbücher kennt. Zur griechischen Volksmedizin gehörte das Deuten von Träumen. Gregor von Nazianz (329–389), einer der bedeutenden Theologen des 4. Jahrhunderts, sagt einmal, »dass er die meisten Inspirationen im Traum erhalten habe«. Er, der Theologe, bekommt also seine Inspirationen nicht nur aus der Bibel, sondern auch im Traum. Das klingt vielleicht merkwürdig. Aber ich kann dies aus eigener Erfahrung bestätigen. Ein Beispiel: Manche Impulse, ein Buch zu schreiben, bekam ich tatsächlich im Traum. Als ich von einer Reise in die USA zurückkam, träumte ich eines Nachts, ich solle ein Buch über Depressionen schreiben. Im Traum bekam ich auch schon die Gliederung, und die wichtigsten Gedanken wurden mir klar. Beim Aufwachen war es mir dann allerdings schon nicht mehr so klar, wie ich das Buch nun gestalten sollte. Trotzdem habe ich mich dann an dieses Projekt gewagt. Ein andermal träumte ich, dass ich einen Vortrag für Seelsorger halten sollte. Ich hatte kein Manuskript. Aber im Traum kam mir das Thema meines Vortrags in den Sinn: »Wege zu einer verwandelnden Spiritualität«. In den Überlegungen im Traum wollte ich diese Spiritualität als Antwort entwickeln einerseits auf die moralisierende Spiritualität, die uns überfordert, und andererseits auf die tröstende Spiritualität, die uns eher einlullt und uns in die Regression führt. Und wenn ich mein Traumtagebuch anschaue, so entdecke ich dort viele Themen, die mir im Traum vorschwebten. Viele dieser Themen sind dann in meine Bücher eingeflossen. Ich kenne allerdings auch andere Träume. Da habe ich zum Beispiel im Traum eine Primizpredigt zu halten. Aber als ich in der Sakristei die priesterlichen Gewänder anziehe, merke ich, dass ich das vorbereitete Predigtmanuskript vergessen habe und auch nicht mehr genau weiß, was ich da geschrieben habe. Ein solcher Traum ist für mich eine Einladung, neu nachzudenken – im konkreten Fall über das Wesen des Priesters. Was sollte ich heute darüber sagen? Offensichtlich ist es so, sagt mir der Traum, dass das Geschriebene nicht mehr gilt und ich neue Gedanken dazu entwickeln muss.

Was Gregor von Nazianz von seiner Inspiration durch Träume schreibt, das finden wir in der chinesischen Literatur in ähnlicher Weise. Der bekannte chinesische Dichter Li Bai erzählt von sich: Als ich jung war, hatte ich einmal einen Traum. Im Traum habe ich an einem Buch geschrieben. Und gerade dort, wo ich geschrieben habe, sind Lotos-Blumen aufgeblüht. Dort, wo mein Feder-Stift gerade war, gab es Lotos-Blumen. Die Lotos-Blume schließt am Abend ihre Blüte und zieht sich zurück ins Wasser. Bei Sonnenaufgang öffnet sie sich. So ist sie ein Symbol für das Licht der Weisheit, aber auch für die Schöpfung. Li Bai war durch seinen Traum von den Lotos-Blüten, die alle seine geschriebenen Worte schmückten, offensichtlich so inspiriert, dass er nach diesem Traum auf ganz neue Weise schreiben konnte, kreativ und schön zugleich. Nach diesem Traum wurde er als Dichter immer berühmter. Der Traum hat ihn in Berührung gebracht mit seinen tiefsten Fähigkeiten, die Gott ihm geschenkt hat.

Das Traumbuch des Synesios

Ähnlich wie Gregor von Nazianz und der chinesische Dichter Li Bai verdankt auch der griechische Bischof Synesios von Kyrene den Träumen wesentliche Einsichten. Er hat darüber ausführlich in seinem Traumbuch geschrieben. Synesios ist eine besondere Gestalt der frühen Kirche (370–413). Dieser hochgebildete und auch literarisch tätige Mann wurde zum Bischof von Ptolemais gewählt, obwohl er durchaus Vorbehalte gegenüber dem kirchlichen Christentum hatte. Er verbindet neuplatonische Philosophie und Christentum miteinander. In ihm verschmelzen griechische Bildung und christlicher Glauben. Unter seinen Schriften gibt es auch eine philosophische Abhandlung *Über die Träume*. Synesios steht dabei in der Tradition der griechischen Traumbücher des Artemon von Milet oder des Artemidoros von Daldis. Synesios empfiehlt, ein Traumtagebuch zu führen. Die Traumdeutung »gibt die Möglichkeit, sich vor Unheil, Krankheit usw. rechtzeitig zu schützen, kommendes Glück in Vorfreude doppelt zu genießen; sie hilft auf der Jagd ebenso wie bei der Schriftstellerei und der Lösung von schweren diplomatischen Aufgaben«.

Synesios schreibt: »Ich bin nicht überrascht, dass einige ihren Träumen die Entdeckung eines Schatzes verdanken; dass manche andere völlig unwissend zu Bette gegangen sind und als begabte Dichter erwachten, nachdem sie sich in einem Traume mit den Musen unterhalten hatten. Ich brauche auch gar nicht erst von jenen zu sprechen, die in ihrem Schlaf von einer Gefahr Kenntnis erhielten, die ihnen drohte, oder denen in ihren Träumen von einem Heilmittel Kunde gegeben wurde, das sie kurieren konnte. Das Wunderbarste und zugleich Geheimnisvollste ist jedoch, dass der Schlaf der Seele den Weg zu den vollkommensten Einsichten in das wahre Wesen der Dinge erschließt und dass er ihr die Fähigkeit eröffnet, über die Natur hinauszugehen und sich selbst mit der intelligiblen Sphäre zu vereinigen, von welcher sie so weit her gewandert ist, dass sie gar nicht mehr weiß, woher sie kam … Daraus erhellt, dass es immer ein Mensch ist, der uns belehrt, wenn wir wachen; dass es aber stets Gott ist, der uns erleuchtet, wenn wir schlafen.«

Der Traum hat für Synesios also nicht nur therapeutische Bedeutung, sondern er ist auch der Ort der Gotteserfahrung. Wir werden im Traum eins mit der Wirklichkeit Gottes und dadurch mit der wahren Natur der Dinge. Wir gelangen an ihren Ursprung, in die Welt der Ideen, in der wir einst waren und in die wir im Traum wieder eintauchen. Gott erleuchtet uns im Traum. Er zeigt uns das Wesen aller Dinge und das Geheimnis seines eigenen Seins. Aber Synesios betont auch die menschlich heilsamen Wirkungen des Traumes. Was er schreibt, hat heute noch Gültigkeit. Es gibt Forscher, die die Lösung eines Problems im Traum sehen. Es gibt Dichter, wie etwa Ernst Hemingway, die immer frühmorgens geschrieben haben und dabei ihre Träume in ihr Schreiben verwoben haben. Auch von Beethoven wird erzählt, dass er schon in den frühen Morgenstunden komponiert hat und oft genug Melodien aufgeschrieben hat, die er im Traum gehört hat. Auch heute erfahren das viele: Träume können uns vor Gefahren warnen und unserer Seele zeigen, was uns guttut. Manchmal zeigen sie uns auch, was unseren Leib und unsere Seele zu heilen vermag. Dazu einige Beispiele: Eine Frau erzählte mir, dass sie im Traum von einem Heilkraut geträumt hat, das ihr jetzt in ihrer Krankheit helfen würde. Ein Mann erzählte mir, er habe vor einer Prüfung geträumt, was drankam. Der Traum hat ihm geholfen, die Prüfung zu bestehen. Eine andere Frau, die seit Jahren aus der Kirche ausgetreten war und sich nicht um religiöse Fragen kümmerte, erzählte mir, dass sie im Traum gehört habe, sie solle im zweiten Buch Mose nachlesen (also im Buch Exodus). Als sie auf den Traum hin das Buch las, erkannte sie ihre innere Gefangenschaft, ihr Angetriebenwerden von »Fronvögten«, von inneren Antreibern. Und der Traum wurde für sie zur Einladung, sich wieder mit der Bibel und mit dem Glauben zu beschäftigen und schließlich wieder in die Kirche einzutreten.

Die Art und Weise, wie Synesios Träume gedeutet hat, entspricht nicht unbedingt den Deutungen, wie sie heutige Psychologen geben. Aber sie gleicht durchaus der Art und Weise, wie die taoistischen Philosophen mit den Träumen umgehen. Da ist einmal die therapeutische Bedeutung: Träume zeigen uns, was uns guttut und was wir eher meiden sollten. Und da ist die theologische und philosophische Bedeutung der Träume: Sie zeigen mir mein wahres Wesen und führen mich in den göttlichen Wurzelgrund meiner Seele. Sie zeigen mir, dass ich von Gott herkomme und dass Gott zu mir spricht. Synesios meint, dass Gott uns nicht nur belehrt, sondern auch erleuchtet. Er schenkt meiner Seele das ursprüngliche Licht, das sie von ihm her hat, das aber oft genug verdunkelt worden ist durch die Unachtsamkeit, mit der ich meinen Alltag lebe.

Synesios weiß auch um die Tradition der griechischen Wallfahrtsorte, um den sogenannten Tempelschlaf. Die Menschen pilgerten zu solchen heiligen Orten und bereiteten sich durch Gebet und Fasten darauf vor, im Tempel, im heiligen Bezirk zu schlafen und von Gott heilige und heilende Träume zu bekommen. Am Morgen erzählten sie dann ihre Träume den Priestern, die sie ihnen deuteten. Sie erwarteten ihre Heilung also von Gott mittels der Träume, die er ihnen schickte und durch die Priester deutete. Traumdeutung war damals ein religiöses Tun, aber sie war durchaus auch auf eine therapeutische Wirkung und die Heilung der Seele ausgerichtet. Denn die Priester hörten genau zu, was die Menschen von ihren Träumen erzählten. Sie trauten dann ihrem eigenen Gefühl bzw.

den Anregungen, die sie im Gebet von Gott bekamen. Und das, was sie von Gott her als Eingebung empfingen, das gaben sie den Träumenden weiter. Und oft genug führte ihre Deutung offensichtlich zu einer Heilung. Die Deutung löste alte Probleme und Konflikte auf und zeigte einen Weg der Verwandlung auf.

Evagrius Pontikus: Träume auf dem kontemplativen Weg

Im alten Mönchtum hat der Psychologe unter den geistlichen Schriftstellern, Evagrius Ponticus († 399), den Träumen eine besondere Aufmerksamkeit geschenkt, indem er sie in den asketischen Weg mit einbezog. Für Evagrius ist das höchste Ziel des Menschen die Apatheia. »Apatheia« ist nicht Apathie, nicht Gefühllosigkeit; man könnte sie vielmehr verstehen als die innere Harmonie des Menschen, als den Frieden des Gemütes, als Freiheit von leidenschaftlichen Regungen, als Reinheit des Herzens und als Durchdrungensein von der Liebe Gottes. Evagrius beschreibt in seinen Büchern die Wege, auf denen wir die Apatheia erlangen können, und die Merkmale, die darauf hinweisen, dass wir den Zustand des inneren Friedens und des Einsseins mit Gott erlangt haben. Und ein Merkmal für das Vorhandensein der Apatheia beim Menschen ist »das Fehlen von Leidenschaften und ungeordneten Gemütsbewegungen während seiner Träume«. Evagrius geht davon aus, dass die Leidenschaften und Emotionen, die uns während des Tages im Wachzustand bestimmen, auch Einfluss haben auf unsere Träume. So zeigt sich der Groll nicht nur in unserem Ärger und in unserer aggressiven Stimmung, sondern auch in unseren Träumen. Der Groll verursacht schlimme Erfahrungen während der Nacht, die den Körper schwächen.

»Jener Mensch wirkt dann blass und immer stärker plagen ihn im Traum Bilder, wie er von wilden, giftigen Tieren angegriffen wird« (Evagrius, Praktikos 11).

Evagrius schreibt negative Träume dem Dämon des Zorns zu. So sollen wir uns davor hüten, den Zorn mit in den Schlaf zu nehmen. Und wir können auf der anderen Seite an unseren Träumen erkennen, wie weit wir unbewusst von Groll und Ärger bestimmt sind: »Lass die Sonne nicht über deinem Zorn untergehen, sonst kommen während deiner Nachtruhe die Dämonen und ängstigen dich und machen dich so noch feiger für den Kampf des folgenden Tages. Denn die Wahnbilder der Nacht entstehen gewöhnlich durch den erregenden Einfluss des Zorns. Und nichts macht den Menschen so sehr bereit, sein Ringen aufzugeben, als wenn er seine Regungen nicht kontrollieren kann« (Evagrius, Praktikos 21).

Die Traumbilder werden nicht nur vom Zorn hervorgerufen, sondern sie wirken auch auf den Menschen. Sie verschlechtern die Voraussetzungen, mit denen wir den nächsten Tag beginnen. Wir fühlen uns gerädert oder, wie Evagrius sagt, feige und schwach. Es gibt für Evagrius also eine Verbindung von Traum und Gefühl, und zwar gewissermaßen in beiden Richtungen: Die Emotionen, die wir abends verdrängen, wirken sich im Traum negativ auf uns aus; und die Gefühle, die wir morgens beim Aufwachen haben, hängen wiederum von den Träumen ab. Daher ist es heilsam, die Enttäuschungen und den Ärger des vergangenen Tages vor dem Schlafengehen im Gebet loszulassen und den Tag Gott zu übergeben, damit die negativen Gefühle sich im Schlaf nicht auswirken können. Bei diesem Autor des 4. Jahrhunderts taucht also schon der Gedanke der Verdrängung auf, der dann in der Moderne für Sigmund Freud so wichtig wird. Der Traum zeigt, was wir verdrängt haben: unseren Ärger, unsere Enttäuschung, unsere Frustration, unsere sexuellen Leidenschaften und unsere aggressive Energie.

Evagrius kennt positive und negative Träume. Die Träume spiegeln unseren Zustand wider. An ihnen können wir ablesen, wie weit wir auf unserem Weg zur Herzensreinheit sind. Viele Träume, mit denen wir zu tun haben, werden nach Evagrius von Dämonen eingegeben. Diese wollen uns damit schwächen und krank machen. Mit manchen Traumbildern wollen uns die Dämonen von Gott wegziehen. Evagrius mahnt uns, dass wir dann unsere Zuflucht zu Christus nehmen sollen. Negative Träume sind für ihn ein Ansporn, sich an Christus zu wenden, damit er unsere kranke Seele heile und uns seinen Frieden schenke. Aber damit dieser Friede in uns Raum haben kann, müssen wir uns mit den Leidenschaften der Seele beschäftigen und uns mit ihnen auseinandersetzen. Und ein Teil dieser Selbstbeobachtung und dieses asketischen Ringens spielt sich in der Nacht und im Traum ab. Zwei Texte aus dem *Praktikos* sollen das verdeutlichen:

»Den Dämonen liegt viel daran, unsere Neigung zur Begehrlichkeit noch zu verstärken. Dazu erzeugen sie, wenn wir schlafen, Hirngespinste, die uns Unterhaltungen mit unseren Freunden vorgaukeln, Tischgelage mit unseren Verwandten, ganze Scharen von Frauen und eine Menge anderer Dinge, die Entzücken in uns hervorrufen sollen. Das alles hat nur den einen Zweck, uns krank zu machen und unsere Leidenschaften zu verstärken. Es kann auch sein, dass die Dämonen den leicht erregbaren Teil unserer Seele reizen. Daher lassen sie uns im Traum Wege einschlagen, die an abschüssigen Stellen vorbeiführen, bewaffneten Männern, giftigen Schlangen oder gefährlichen Tieren begegnen. Solche Begegnungen sollen uns mit Entsetzen erfüllen, wir sollen fliehen und uns verfolgt fühlen. Wir sollten uns deswegen vorsehen und diese unsere Veranlagung wachsam im Auge behalten, indem wir während unserer Nachtwachen Christus um Hilfe bitten« (Evagrius, Praktikos 54).

Man könnte das auch psychologisch deuten: Wer sich zu sehr von negativen Emotionen leiten lässt, der wird in der Nacht Verfolgungsträume haben. Die Verfolgungsträume zeigen immer seine Schattenseiten an, die Seiten, die er auf seinem geistlichen Weg verdrängt hat. Für die Mönche gehörte es ja zum geistlichen Leben, auch ihre Träume dem geistlichen Vater zu erzählen. Auf diese Weise wurde auch das, was im Unbewussten geschah, offengelegt. Und der geistliche Vater konnte dem Mönch raten, wie er mit den inneren Bildern umgehen sollte. Ein Rat ist immer: diese Bilder Gott hinzuhalten, damit Gottes Liebe die dunklen Bilder erhelle und verwandle. Evagrius rät uns, Christus um Hilfe zu bitten. Christus kann dieses innere Chaos durch seine erlösende Liebe heilen. Aber

Christus ist nicht der Zauberer, der uns von negativen Traumbildern befreit. Er ist vielmehr der Therapeut, mit dem wir unsere Traumbilder besprechen. Für Evagrius drücken die Träume einmal unsere Wünsche aus. Die drei Grundtriebe – Essen, Sexualität und Besitzstreben – zeigen sich etwa in den Träumen von Tischgelagen und den vielen Frauen, die im Traum auftauchen. Zum anderen beziehen sich die Träume auf den erregbaren Teil. Das ist für Evagrius der emotionale Bereich des Menschen, der von den Lastern des Zornes, der Traurigkeit und der Trägheit (Akedia) getrübt werden kann. Hier schreibt Evagrius vor allem vom Entsetzen, von der Angst. Die Träume machen uns in der Tat oft Angst. Unsere Aufgabe besteht aber gerade darin, uns von der Angst nicht dazu antreiben zu lassen, vor uns selbst und unserer inneren Wahrheit zu fliehen, sondern sie mit Christus zu besprechen. Wir sollen achtsam mit der Angst umgehen, sie anschauen und im Gebet Christus befragen, was er uns durch die Angst auslösenden Träume sagen möchte. Im Gebet können wir dann erkennen, wie wir auf die Angst reagieren sollen.

Evagrius erkennt an den Träumen, ob der Träumer in seiner Seele gesund oder krank ist. Wenn der Mensch keine aufwühlenden Bilder im Traum hat, ist das ein Zeichen für seine psychische Gesundheit. Heftige Bilder weisen darauf hin, dass die Seele nicht gesund ist. Daher sollen diese Bilder Christus hingehalten werden, der nicht nur die Bilder verwandelt, sondern auch die Seele heilt. Evagrius erkennt an der Art der Traumbilder, ob es sich um vergangene oder gegenwärtige Wunden handelt, die wir Gott hinhalten sollen:

»Hast du im Traum Gesichter verschwommener Natur, kannst du das auf frühere affektive Erfahrungen zurückführen. Lassen sie sich jedoch klar erkennen, dann deutet das auf Wunden hin, die noch immer bluten« (Evagrius, Praktikos 55).

Die unklaren Bilder wollen uns sagen, dass wir Erfahrungen der Vergangenheit integrieren sollen oder schon daran sind, sie zu integrieren. Die klaren Bilder stellen uns vor die Aufgabe, unseren gegenwärtigen Zustand genau zu betrachten und uns auszusöhnen mit unseren Wunden, unsere Wunden Christus hinzuhalten und sie von ihm heilen zu lassen. Der amerikanische Psychiater und Trappist John Eudes Bamberger, der über 30 Jahre Abt der berühmten Abbey of the Genesee war, hat Evagrius übersetzt. Für ihn ist dieser Text ein Beispiel für die »genaue Beobachtung der Traumdynamik« durch Evagrius, mit der er manche Erkenntnisse heutiger Psychologie vorwegnimmt.

An einer anderen Stelle sagt Evagrius: »Ob wir Apatheia erlangt haben oder nicht, sagen uns unsere Gedanken am Tage und unsere Träume während der Nacht. Apatheia ist der Gesundheitszustand der Seele« (Evagrius, Praktikos 56).

Die Träume zeigen uns also, ob wir die Apatheia erlangt haben, die das Ziel des geistlichen Weges ist. Es ist ein Zustand seelischer Gesundheit, ein Zustand innerer Klarheit und eines tiefen Friedens und letztlich die Befähigung zu echter Liebe. Welche Art von Träumen uns den Zustand der Apatheia anzeigt, beschreibt Evagrius in einem späteren Kapitel: »Wenn der Geist des Menschen sein eigenes Licht zu sehen beginnt, wenn er sich auch durch Traumgesichte nicht beunruhigen lässt und wenn er selbst angesichts der Ereignisse des Lebens gelassen bleibt, dann hat ein solcher Mensch mit Sicherheit Apatheia erlangt« (Evagrius, Praktikos 64).

Das Sehen des eigenen Lichtes meint, dass der Mensch zu seinem wahren Selbst gefunden hat, dass er ganz eins mit sich geworden ist und mit seiner innersten Mitte, in der Gott selbst wohnt. Apatheia ist also auch ein Zeichen gelungener Selbstwerdung, wie sie C. G. Jung versteht. Und sie ist verbunden mit Traumbildern, die den Menschen nicht mehr beunruhigen, sondern in ihm Frieden und Harmonie hervorrufen. Die Träume zeigen dann, dass der Mensch nicht mehr ständig gegen seine Leidenschaften kämpfen muss, sondern dass er sie überwunden hat, dass er erfüllt ist von Frieden und von der Liebe Gottes. Die Träume zeigen uns an, wie weit wir auf unserem Reifungsweg schon sind und wie nahe wir Gott gekommen sind.

Dass unsere Träume den Zustand der Apatheia anzeigen, ist wohl selten. Solange wir leben, haben wir auch mit Träumen zu tun, die uns aufwühlen, die uns unsere Schattenseiten vor Augen halten. Aber für mich ist es eine wichtige Einsicht, die uns Evagrius schenkt: Der Weg der Selbstwerdung und der geistliche Weg geht nicht nur über Askese, nicht nur über ein geistliches Programm, nicht nur über Gebet und Meditation, sondern letztlich auch über die Verwandlung des Unbewussten. Auch die Bilder unseres Unbewussten sollen durch die Begegnung mit

Gott erleuchtet, verwandelt und geheilt werden. Dann werden wir wahrhaft geistliche Menschen, bei denen alles von Gottes Geist durchdrungen ist.

John Eudes Bamberger schreibt über den geistlichen Weg, den uns Evagrius gerade auch im Umgang mit den Träumen weist: »Dieser Lehre liegt eine tiefe Psychologie zugrunde, eine Psychologie, die den dynamischen Bezug der Bilder der Seele zu den Emotionen und gewöhnlichen Verhaltensweisen von Geist und Gefühl erkennt. Nur wo die Bilder und Ideen von Seele und Geist voll vom reinen Lichte Gottes umgestaltet sind, soweit das überhaupt möglich ist, können sich die Haltungen des Menschen und seine Aktivitäten harmonisch zur höchsten Blüte entfalten, die die früheren Missklänge aufhebt. Diese Bilder sind durch die Schau des göttlichen Lichtes, das sich in der Seele widerspiegelt, gereinigt und verwandelt. Der Mensch kommt nicht allein durch sein eigenes Tun zur Vollendung, das sich von außen her nach innen richtet, er muss noch in den Tiefen seines Geistes umgewandelt werden, wo sich in den letzten Winkeln seines Seins für die Außenwelt unerreichbare unbewusste Bilder verbergen. Er muss sie zu erreichen versuchen auf seit Langem in Vergessenheit geratenen Bahnen, die aber immer noch die Haltungen und Wege des Menschen beeinflussen können. Erst wenn diese Bilder gesund und ganz geworden sind im ursprünglichen Licht der Kontemplation, das des ganzen Menschen Geist zu durchdringen vermag, ist das Werk der Erlösung und Vervollkommnung getan« (Bamberger, Einführung zum Praktikos, 22).

Der kontemplative Weg, den Evagrius uns empfiehlt,

weil wir nur so zu dem Ziel kommen, das Christus uns verheißen hat, schließt Selbstbeobachtung, Schweigen, Beten, Fasten, Kampf gegen die Laster, aber auch Beobachtung der Träume ein. Erst wenn Gottes Geist alles in uns durchdrungen hat, sind wir fähig zur Kontemplation, zum Gebet ohne Zerstreuungen. Beten ohne Zerstreuung ist für Evagrius das Ziel unseres Lebens. Es führt uns zu einer tiefen Weisheit und Liebe und »zu den Höhen der Wirklichkeit« (Evagrius, Praktikos 52). Doch dieses Ziel erreichen wir nicht, wenn wir nur unsere Zerstreuungen anschauen und sie bekämpfen. Die Bilder in unserem Inneren müssen verwandelt werden. Aber das verlangt eben einen ehrlichen Umgang mit den Träumen, ein Miteinander von Gedankenbeobachtung und Achten auf die Träume. Nur so ist in uns jene Apatheia erreichbar, von der Evagrius meint, dass wir darin ganz auf Gott ausgerichtet sind und von Gottes Liebe und Frieden durchdrungen werden. Wir können in Gott nur still werden, wenn er zuvor unser Bewusstsein und unser Unterbewusstsein gereinigt und geheilt hat. So ist die Beachtung der Träume ein wichtiges Element auf dem kontemplativen Weg, der uns immer mehr zu Gott und in Gott hinein führen möchte.

In der christlichen Tradition tauchen Träume immer wieder bei den Heiligen auf. So verdankt Hieronymus (347-419) einem Traum seine Wandlung vom weltlichen zum christlichen Gelehrten. Der Traum hat ihn ermutigt, sein ganzes Wissen in den Dienst des Glaubens zu stellen. Und er hat ihm die Kraft verliehen, die Bibel ins Lateinische zu übersetzen. Seine Übersetzung – die sogenannte

Vulgata – ist heute noch die am meisten gelesene und zitierte Übersetzung der Bibel. Pachomius (292–346), der als Erster eine Klostergemeinschaft gegründet hat, erfährt seine Berufung zum Mönch im Traum. Und im Traum wird ihm auch klar, wie er das Ideal der Einsiedler mit der christlichen Nächstenliebe verbinden soll. So wird er durch einen Traum der Vater des zönobitischen Mönchtums. Benedikt (480–547), der das Mönchtum im Abendland wie kein anderer geprägt hat, erscheint seinen Schülern im Traum und teilt ihnen den Bauplan ihres Klosters mit. Er ist also ihr innerer Meister geworden, der sie durch Träume auf ihrem Weg begleitet und lenkt. Franziskus (1182–1226) erkennt im Traum seine Berufung: Er sieht, dass er die Kirche Gottes wiederherstellen soll. Zunächst deutet er es auf das verfallene Kirchlein Portiuncula. Doch dann wird ihm klar, dass der Traum ihm eine größere Aufgabe zumutet. Als sich ihm immer mehr Brüder anschließen und er vom Papst die Bestätigung eines Ordens erbittet, da träumt Papst Innozenz, dass Franziskus die Lateranbasilika stützt. Und aufgrund dieses Traumes approbiert der sonst eher skeptische Papst die Ordensgründung. Die Franziskaner breiten sich sehr schnell in ganz Europa aus. Träume haben diese Entfaltung des Ordens bewirkt. Auch die Gründung des Dominikanerordens ist von Träumen begleitet. Dominikus (1170–1221) träumt von einem Baum, auf dem schwarze und weiße Vögel sitzen. Der Baum wird abgehauen. Das veranlasst ihn, seinen Orden auf ein neues Fundament zu stellen. Auch die Ordenstracht – schwarz-weißer Habit – geht auf diesen Traum des Ordensgründers zurück.

Visionen und Erscheinungen

Viele Heiligenbiographien berichten von Träumen und Visionen. Oft begegnen wir der Meinung, Visionen seien etwas Besonderes, etwas, das nur Heiligen zustoße. Doch Morton Kelsey, der bereits erwähnte anglikanische Geistliche und Jung-Schüler, berichtet von einer psychologischen Untersuchung, die ergeben hat, dass 10 % aller Menschen Visionen haben (Kelsey, Träume 36). Allerdings trauen sich die meisten nicht, darüber zu sprechen, aus Angst, sie würden für verrückt erklärt. Wir sollen aber vor den Visionen keine Angst haben. Gott möchte uns darin erscheinen und uns etwas sagen. Aber wir sollen die Visionen auch nicht überbewerten. Die Mystiker aller Zeiten haben zwar immer wieder Visionen gehabt, aber sie haben sie nicht als das wichtigste Zeichen ihrer Frömmigkeit angesehen. Im Gegenteil, sie warnen davor, zu viel auf die Visionen zu geben. Denn in ihnen ist immer auch unsere Phantasie beteiligt. Die Visionen laufen in unserer Psyche ab und sind daher noch keine Garantie, dass wir Gottes Willen oder Wesen klar erkennen. Es ist sinnvoll, die Visionen ähnlich wie die Träume anzugehen, uns in ihre Bilder einzufühlen und danach zu fragen, was Gott uns damit sagen will. Aber wir sollen keinen Kult damit treiben oder, falls wir eine solche Erfahrung machen, meinen, wir seien außergewöhnliche Menschen. Die Mystiker warnen davor, uns mit unseren Visionen über andere Menschen zu stellen. Wenn wir uns so verhalten, sind wir nicht offen für das, was uns Gott in unseren Visionen sagen möchte. Wir blähen damit nur das eigene

Ego auf. Doch das ist nicht der Sinn, den Visionen haben, die uns Gott eingibt. Mit den Visionen, die er schenkt, möchte er etwas in dieser Welt bewirken, möchte er nicht nur uns persönlich, sondern auch andere Menschen aufrütteln, die Augen aufzumachen und die Wirklichkeit von ihm her zu sehen.

Es gibt zu allen Zeiten Menschen, die Visionen erfahren und glauben, dass Gott ihnen eine besondere Privatoffenbarung geschenkt hat. Gerade in unserer Zeit wird von vielen Marienerscheinungen berichtet, in denen Maria oft Kindern eine Botschaft für die ganze Kirche gibt. Die Frage ist, wie wir im Blick auf die Träume solche Privatoffenbarungen verstehen und beurteilen sollen. Die Kirche sagt, dass die Offenbarung mit der Bibel abgeschlossen ist. Die Privatoffenbarungen haben also keine kirchliche Autorität. Sie sind für den Einzelnen möglicherweise eine Hilfe, seinen Glauben zu vertiefen. Und manchmal können sie auch für viele andere ein Impuls sein, ihre Beziehung zu Jesus Christus oder zu Maria zu erneuern. Solche Erscheinungen sind aber psychologisch gesehen immer ähnlich wie Träume zu deuten. Sie sind keine objektiven Erscheinungen in der Alltagswelt, die man filmen könnte, sondern Phänomene, die sich in der Psyche des Einzelnen abspielen. Trotzdem können sie auch für andere Menschen von Bedeutung werden. Allerdings ist es auch wichtig, die psychologischen und auch die sozialen und vom Kontext abhängigen Aspekte der Erscheinungen zu berücksichtigen. Interessant ist zum Beispiel: Historisch betrachtet nehmen Marienerscheinungen vor allem in der Zeit der Aufklärung zu. Gegenüber einer nur rationalen

Sicht des Glaubens weisen sie offensichtlich auf die emotionale Seite des Glaubens hin. Viele dieser Marienerscheinungen hatten zur Folge, dass Wallfahrtsorte entstanden, zu denen die Menschen gepilgert sind, um ihrem Glauben Ausdruck zu geben. In solchen Erscheinungen kann durchaus ein Wirken des Heiligen Geistes gesehen werden. Doch festzuhalten ist auch: Die Inhalte solcher Erscheinungen sind keine neue Offenbarung gegenüber der göttlichen Offenbarung, wie sie den Aposteln und den Autoren der biblischen Schriften zuteilgeworden ist. Daher ist der Inhalt immer auch von der Kirche zu prüfen. Die Kirche ist grundsätzlich solchen Phänomenen gegenüber offen, aber weist immer auch auf ihre Gefahren hin. Manchmal drücken sich da nämlich auch entweder persönliche oder auch kollektive Wunscherfüllungsphantasien aus. Erscheinungen können eine heilende Wirkung haben, wenn sie einem Menschen über traumatisierende Erlebnisse hinweghelfen. Sie können aber auch krank machend wirken oder Ausdruck einer psychotischen Erkrankung sein.

Traum – Wirklichkeit und Wirkung

Interessant ist, dass es in der chinesischen Kultur ähnliche Phänomene gibt wie die Marienerscheinungen in der katholischen Welt. In der chinesischen Kultur spielt das Beauftragen durch den Traum eine wichtige Rolle. So wie in den Marienerscheinungen die Empfänger immer einen Auftrag bekommen, so ist der Traum für die chinesischen

Philosophen der Ort, an dem ein Auftrag an den Menschen ergeht. Der Traum ist die Schnittstelle zwischen der mystischen und der wirklichen Welt, zwischen der Welt des Geistes und der Alltagswelt des Menschen. Im Traum – so die chinesische Philosophie – belehrt Gott selbst den Menschen. Die Träume haben also eine ähnliche Funktion für die chinesische Philosophie wie die Gleichnisse in der Bibel. Jesus belehrt die Menschen durch Bilder und Gleichnisse.

Auch die chinesischen Philosophen erzählen gerne Traumgeschichten, um ihre Lehre auszudrücken. Bekannt ist die folgende Erzählung von Liezi, einem taoistischen Philosophen: Ein Holzfäller hat einen Hirsch getötet und ihn versteckt. Als er nach langer Arbeit nach Hause kommt, hat er vergessen, wo er den Hirsch versteckt hat. Er denkt, er habe den Hirsch nur im Traum getötet. So geht er zu einem Jäger und erzählt ihm den Traum. Der Jäger aber denkt: Vielleicht ist der Traum doch Wirklichkeit?, und fängt an, nach dem Hirsch zu suchen. Er findet ihn schließlich auch und geht fröhlich mit seiner Beute nach Hause. In der nächsten Nacht träumt der Holzfäller, dass er den Hirsch getötet und versteckt hat und dass der Jäger ihn gefunden und nach Hause gebracht hat. Voller Ärger geht er am nächsten Tag zu dem Jäger. Und da sieht er, dass der wirklich den getöteten Hirsch in seinem Haus hat. Wütend sucht der Holzfäller den Richter auf. Doch der sagt ihm: »Du hast dem Jäger gesagt, dass das nur dein Traum war. Der Jäger aber hat deinen Traum ernst genommen. Dein Hirsch war für dich nur ein Traum, für den Jäger aber Wirklichkeit. Du kannst nicht beweisen, dass du diesen Hirsch auch wirklich getötet hast. Denn du selber hast dem Jäger erzählt, es sei nur ein Traum gewesen.«

Die Lehre, die die chinesischen Philosophen aus dieser Geschichte ziehen, könnte auch eine auf Phänomene wie die Marienerscheinungen anwendbare Antwort enthalten: Für den einen ist die Erscheinung ein Traum, für den anderen eine Wirklichkeit. Wie oft gilt für unser Leben: Was wir bekommen, verlieren wir auch wieder. Eine solche Erscheinung könnte wie ein Traum sein, der kommt und vergeht, ohne Folgen, ohne Wirkung. Entscheidend für eine Bewertung aber ist, ob ich nach dem Traum handle und den Auftrag auch wirklich erfülle, den er mir gibt. Manche Menschen, die Marienerscheinungen hatten, haben in ihrem Traum den Auftrag erkannt und ihn dann in der Realität verwirklicht. So ist ihr Traum zu einer Wirklichkeit und zum Segen für andere geworden. Aufgrund ihres Traumes sind etwa Wallfahrtsorte entstanden, wo viele Menschen die Nähe Gottes spüren und sich von ihm ähnlich angesprochen fühlen wie die Empfänger der Marienerscheinungen und ihrer Botschaften selber.

Die Mystiker glauben, dass Gott uns im Traum deswegen eher erscheinen kann, weil wir da mehr bei uns daheim sind. Wir sind nicht zerstreut und gefangen von der Außenwelt, und so ist unser Auge offen für die Welt des Geistes und für Gott. So sagt ein Mystiker des 14. Jahrhunderts:

»Ein Lehrer spricht, dass die Gegenwart von Engeln etlichen Menschen öfter im Schlafe als im Wachen erscheine, darum weil der Mensch im Schlaf mehr Ruhe hat vor der Mannigfaltigkeit der äußeren Dinge als im Wachen« (Boss, Der Traum, 13).

Ein Blick in die Geschichte der Spiritualität könnte zeigen, dass – zwar sehr unterschiedlich und mit wechselndem Interesse – auch die Träume in den geistlichen Weg mit einbezogen wurden. Im Ringen um den Willen Gottes haben die geistlichen Meister immer auch damit gerechnet, dass Gott uns im Traum seinen Willen kundtut. Der Traum war daher in der geistlichen Begleitung ein wichtiges Mittel, nach seinem konkreten Willen zu fragen. Aber zugleich war der Traum der Ort intensiver Gotteserfahrung. Bei vielen Mystikern wurde ihre Liebe zu Gott durch Träume und Visionen entfacht. Die Träume führten zu einem inständigeren Beten, zu einer tieferen Liebe und zu einem beständigen Leben in der Gegenwart Gottes. Sie wurden als Bereicherung für das geistliche Leben empfunden. In den Träumen ist der Aspekt des Willens ziemlich ausgeschaltet, der sonst auf unserem spirituellen Weg eine so große Rolle spielt. Nicht wir müssen uns in Gebet und Meditation für Gott öffnen, sondern er selbst handelt an uns. Er begegnet uns in den Träumen und spricht zu uns. So gibt die Beachtung der Träume seiner Gnade den Vorrang und befreit uns von verkrampften geistlichen Anstrengungen. Im Traum fühlen wir uns getragen von seiner Nähe. Gott wirkt im Traum heilend auf uns. Er lässt uns mit einer positiven Grundstimmung und mit einem inneren Gespür für seine Nähe aufwachen. Er ändert die Voraussetzungen unseres geistlichen Lebens, er spricht im Traum zu unserem Herzen und schenkt uns die innere Gewissheit seiner liebenden Gegenwart. Noch eine dritte Bedeutung hatte der Traum in der Geschichte der Spiritualität: Er war der Ort ehrlicher Selbstbegegnung und Selbsterkenntnis. Im Traum erfahren wir die Wahrheit über uns selbst. Und diese Wahrheit ist nicht nur schmeichelhaft. Gerade im alten Mönchtum wurde mehr dieser Aspekt des Traumes betont. Wenn in den Träumen die Dämonen wirken und uns Angst erregende Bilder vor Augen halten, dann deckt uns das auf, wo wir auf unserem geistlichen Weg stehen, dann erkennen wir, in welchem Maße Laster und Fehlhaltungen in uns sind. Vielleicht denken wir, wir hätten sie schon längst überwunden. Und in unserem bewussten Leben ist auch nicht mehr viel von Zorn und Hass zu spüren. Die Träume zeigen uns aber, dass wir noch verstrickt sind in Hassgefühle, Groll und Bitterkeit, und führen zu einer schonungslosen Selbsterkenntnis, sie zeigen uns also auch an, wo wir noch an uns arbeiten müssen. Aber sie geben uns auch Auskunft über die Fortschritte auf unserem geistlichen Weg. Sie sind ein Gradmesser für die Herzensreinheit, für unsere innere Freiheit und für unser Einssein mit Gott.

Im Taoismus wird der Traum oft als Gleichnis für spirituelle Einsichten verwendet. Der Taoist Zhuangzi erzählt etwa von einem Traum, in dem er mit Menschenknochen spricht. Man spürt der Art, wie er den Traum erzählt, an, dass er damit eine wesentliche Einsicht in das menschliche Leben vermitteln möchte. Er möchte den Menschen die Angst vor dem Sterben nehmen. Er erzählt: Ich ging durch einen Wald und sah auf einmal Knochen. Ich nahm die Knochen als Kopfkissen und schlief darauf ein. Da träumte mir, dass ich mit den Menschenknochen einen

Dialog führte. Die Menschenknochen sagten zu mir: »Du redest ja wie ein Philosoph. Du redest so viel über das Leid und die Lasten des Lebens. Alles scheint so anstrengend zu sein. Nach dem Tod ist all diese Last und diese Anstrengung vorbei.« Der Philosoph antwortete im Traum: »Ja, ihr habt recht, ihr Menschenknochen. Aber wenn ich euch wieder lebendig machen könnte, wolltet ihr das?« Sie antworteten: »Wenn man schon das glückliche und freie Leben eines Königs erlebt hat, warum sollte man wieder zum anstrengenden Lebens eines Menschen zurückkehren?«

Man spürt dieser Erzählung an, dass der Traum eine Mahnung ist. Und es ist nicht ganz klar, ob Zhuangzi einen wirklichen Traum erzählt oder ob er den Traum erfunden hat, um seine Lehre zu verdeutlichen. Dann wäre der Traum wie eines der Gleichnisse, die Jesus uns erzählt.

Und noch eine weitere Funktion haben die Träume in der chinesischen Philosophie: Sie erklären oft das Schicksal eines Menschen und zeigen so den Hintergrund für ein Ereignis auf, das wir nicht verstehen. So wird etwa von einem König erzählt, der gegen einen Feind in den Krieg zieht und diesen Feind zu bezwingen vermag, weil dessen Pferd über einen Grasknoten auf dem Feld gestolpert ist. Der König kann sich das nicht erklären. Da träumt er, dass ein Mann zu ihm kommt und ihm alles erklärt: Dieser Mann hatte diesen Knoten gestrickt, weil er seinem König, der ihn bisher so gut behandelt hatte, danken wollte.

Viele unerklärliche Tatsachen werden so in Träumen gedeutet. Die Träume zeigen uns den wahren Hintergrund und erklären uns das, was in der Realität mit uns geschieht. Das entspricht durchaus der Tradition christlichen Traumdeutung, die darauf vertraut, dass Gott uns im Traum die tieferen Zusammenhänge unseres Lebens aufdeckt.

4. Verständnis des Traums in der Psychologie

Verdrängte Triebimpulse: Traumanalyse bei S. Freud

Sigmund Freud, der Begründer der Psychoanalyse, hat den Traum als den »Hüter des Schlafs« bezeichnet und Traumdeutung als den Königsweg zum Unbewussten und als Grundstein der psychoanalytischen Arbeit gesehen. Für ihn ist der Traum ein wichtiger Weg, um verdrängte Triebimpulse zu erkennen. Der Traum deckt das Unbewusste auf. Dabei denkt Freud immer rückwärtsgewandt. Man spricht bei ihm von kausal-reduktiver Traumdeutung. Er führt den Traum zurück auf eine vergangene Ursache. Diese Ursache war für Freud meist die Verdrängung eines wichtigen Triebimpulses. Der Traum deckt mir also meine Vergangenheit auf. Aber er hat mir eigentlich nichts für meine Zukunft zu sagen. Der Traum ist für Freud eine aus Angst oder Abwehr verschlüsselte Sprache, die mir erzählt, welche unbewussten Triebwünsche ich habe oder wie meine Triebe in der Vergangenheit unterdrückt worden sind. Und für Freud sind viele Träume reine Wunscherfüllungsträume. Denn meine tiefsten Wünsche traue ich mir nicht einzugestehen. Daher werden sie im Traum verschlüsselt dargestellt. Die Methode, mit der Freud die Träume deutet, ist vor allem das Assoziieren. Durch Assoziieren gelangt der Mensch zu Bereichen seines Unbewussten, die ihm bisher verborgen sind.

Das Verständnis, das Freud vom Traum hat, ist analytisch: Er will aufdecken, was der Mensch verdrängt hat. Dahinter verbirgt sich seine pessimistische Sicht des Menschen. Der Mensch hat vieles verdrängt, vor allem aber seine sexuellen Triebimpulse. Daher werden fast alle Träume auf sexuelle Probleme hin gedeutet. Dieses Traumverständnis Freuds hat vielen Menschen Angst gemacht. Sie haben Angst, ihre Träume zu erzählen, weil andere dann alle ihre verdrängten sexuellen Wünsche darin erkennen könnten.

Reichtum der Seele: Traumdeutung bei C. G. Jung

C. G. Jung hat ein anderes Traumverständnis. Er möchte den Menschen keine Angst vor ihren Träumen vermitteln, sondern sie ermutigen, ihre Träume zu erzählen. Denn die Träume zeigen den Reichtum der Seele auf. Für Jung ist jeder Traum ein Kunstwerk. Und die erste Reaktion des Betrachters sollte sein: Ich verstehe gar nichts. Und dann schaue ich mir das Kunstwerk des Traumes an. Der Traum hat für Jung ein Ziel, eine Aussage. Die Art und Weise, den Traum auszulegen, ist für Jung das Umkreisen des Traumes, das Anschauen der verschiedenen Symbole und der Dialog mit dem Träumenden. Auf diese Weise erkenne ich mehr und mehr den Sinn der Träume. Sie sind auch für Jung ein Weg zum Unbewussten. Aber das Unbewusste ist für Jung nicht das Verdrängte, sondern eine Quelle der Lebendigkeit. Es gehört genauso zum Menschen wie das Bewusste und ist eine Quelle der Lebenserneuerung. Die Träume sind eine Hilfe, die Bewusstseinseinseitigkeit des Menschen aufzuheben und ihn mit dem Unbewussten in Berührung zu bringen. Das erst macht den Menschen ganz, es bereichert ihn. Denn wer vom Unbewussten abgeschnitten ist, dem fehlt eine wichtige Quelle von Energie, aber auch von Weisheit und Einsicht. Ingrid Riedel, eine Jung-Schülerin meint in diesem Sinn: Die Traumsprache »ist die jeweils bestmögliche Sprache und beschreibt in bildhaften Situationsschilderungen und Symbolen eine Lebenslage, die noch ganz oder teilweise unbewusst ist und nun gerade so und nicht anders ins Bewusstsein treten kann« (Riedel 27).

Die Träume haben für Jung eine kompensatorische Bedeutung. Sie kompensieren die einseitige Sicht des Bewussten und ergänzen diese Sicht durch die Sichtweise des Unbewussten. Daher beginnt Jung jeden Versuch der Traumdeutung mit der Frage: »Welche bewusste Einstellung wird durch den Traum kompensiert? Damit setze ich, wie ersichtlich, den Traum in engste Beziehung zur Bewusstseinslage, ja, ich muss sogar behaupten, dass ein Traum ohne Kenntnis der bewussten Situation überhaupt nie auch nur mit annähernder Sicherheit gedeutet werden kann« (Jung, Von Traum und Selbsterkenntnis, 37). Es geht also immer darum, den Traum mit der Situation des Träumers zu vergleichen. C. G. Jung fragt nicht nur nach dem Warum des Traumes, sondern nach dem Wozu. Was ist die Absicht des Traumes? Ein Beispiel: Jung erzählt vom Traum eines jungen Mannes, der im Traum seinen Vater betrunken am Steuer eines Autos unsinnig herumfahren sah. Der Vater war jedoch sehr korrekt, und der Sohn hatte ein gutes Verhältnis zu seinem Vater. Der Traum offenbarte für Jung, dass das Verhältnis des Sohnes zum Vater zu gut war. Der Traum setzte den Vater herunter, damit der Sohn sich innerlich von ihm lösen kann. Jung schreibt zu der Situation des Sohnes: »Es ist sogar eine besondere Gefahr, dass er vor lauter Vater seine eigene Wirklichkeit nicht sieht, weshalb das Unbewusste zu einer künstlichen Blasphemie greift, um den Vater herunter- und damit den Träumer heraufzusetzen« (Jung, Von Traum und Selbsterkenntnis, 40).

Neben der kompensatorischen Funktion des Traumes führt Jung auch die »prospektive Funktion des Traumes« an. Er nennt sie eine zweckmäßige Funktion des Unbewussten, »welche die Lösung aktueller Konflikte und Probleme vorbereitend übt und durch tastend gewählte Symbole darzustellen sucht« (Jung, GW 8, 290). Solche Träume tauchen vor allem auf, wenn jemand in seinem Bewusstsein nicht angemessen mit seiner Situation umgeht. Dann greift das Unbewusste gleichsam auf Informationen zurück, die dem Bewussten verborgen, aber in der Tiefe der Seele gespeichert sind. Aber Jung relativiert diese prospektive Funktion des Traumes zugleich: Der Traum weiß eben nicht alle Lösungen. Nur manchmal darf man diese Bedeutung eines Traumes in den Blick nehmen. Zu den prospektiven Träumen zählt Jung auch die prophetischen Träume und die telepathischen Träume, die bei bestimmten Menschen auftauchen. Es sind Träume, die etwas Zukünftiges voraussehen, das dann tatsächlich eintritt. Manche Menschen legen alle ihre Träume in dieser Weise aus und meinen, was sie im Traum gesehen haben, müsse in kurzer Zeit auch Wirklichkeit werden. Doch damit würde man die Träume einseitig auf ihre prospektive Funktion festlegen.

Die prospektive Funktion des Traumes wird vor allem von der volkstümliche Auffassung der Träume in den Blick genommen, und zwar sowohl in Deutschland als auch in China. Da gibt es etwa die Meinung: Wenn ich von einer schwarzen Katze träume, dann gibt es ein Unglück. Doch solche Deutungen sind willkürlich und haben mit der Wirklichkeit der Träume nichts zu tun, auch wenn sich das in manchen Köpfen so festgesetzt hat.

Nach dem in China schon vor über 2000 Jahren vom Fürsten Zhou geschriebenen Buch über Traumdeutung interpretieren noch heute viele ihre Träume. Hier werden oft Symbole so gedeutet, dass bei ihrem Auftauchen im Traum etwas Bestimmtes in unserem Leben geschehen wird. So bedeutet ein Traum vom Tod oder vom Sarg immer Reichtum und Glück: Man bekommt völlig unerwartet großen Reichtum oder verdient auf einmal viel Geld. Wenn Männer von fremden Frauen träumen, bedeutet das: Sie werden ihr Geld und ihren Reichtum verlieren. Wenn wir von einem Hund träumen, weist das auf einen Konflikt hin, der uns erwartet. Träume mit einem Fisch bedeuten, dass wir befördert werden, dass unser Leben also gelingt. Woher der Fürst Zhou diese Einsichten hat und warum er die Träume auf diese Weise deutet, wissen wir nicht. Er sagt es auch selbst nicht. Er meint einfach, dass das seiner Erfahrung entspricht. Doch mit solchen Vorhersagen sollte man eher vorsichtig sein. In der Konsequenz machen sie den Menschen Angst. Versteht man sie dagegen als Mahnung oder, manchmal zumindest, als Verheißung, dann ermutigen uns die Träume gerade in Situationen, in denen es uns schlecht geht. Aber wenn wir sie zu wörtlich nehmen, erzeugen sie Frustration – wenn der Reichtum eben nicht eintritt.

Eine andere Unterscheidung ist die zwischen »kleinen« und »großen« Träumen. Die »kleinen« Träume sind nach Jung oft Phantasiefragmente, »die der subjektiven und persönlichen Sphäre entstammen und sich hinsichtlich ihrer Bedeutung in der Alltäglichkeit erschöpfen«. Diese Träume werden oft auch wieder vergessen. »Bedeutungsvolle Träume dagegen werden oft ein Leben lang im Gedächtnis bewahrt, und nicht selten bilden sie das Kernstück in der Schatzkammer seelischer Erlebnisse« (Jung, GW 8, 331). Die kleinen Träume entstammen mehr dem persönlichen Unbewussten, während die großen Träume der tieferen Schicht des kollektiven Unbewussten entspringen. Jung meint: »Solche Träume ereignen sich meist in schicksalsentscheidenden Abschnitten des Lebens, so in der ersten Jugend, in der Pubertätszeit, um die Lebensmitte (36. bis 40. Jahr) und in conspectu mortis« (Jung, GW 8, 332). Es sind dann Träume, die etwas Wesentliches über mich und mein Leben aussagen und mich auf das Geheimnis meines Lebens hinweisen.

Grundsätze des Traumverstehens

Jung hat einige Regeln aufgestellt, wie wir auf Träume reagieren sollen. Die erste Regel ist, dass wir alle vorschnellen Versuche der Deutung lassen sollen. Stattdessen soll ich sagen: Ich verstehe gar nichts. Dann schaue ich den Traum an, betrachte die verschiedenen Symbole, schaue den Träumenden und seine Situation an und versuche dann, den Traum mehr und mehr zu umkreisen und ihn allmählich in seiner Bedeutung aufzuschlüsseln. Dabei sagt Jung: Es geht nicht darum, jeden Traum zu deuten. Allein die Beschäftigung mit dem Traum gibt ihm schon eine Wirkung. Wenn ich den Traum verstehe, dann vertieft das seine Wirkung. Aber es gibt auch andere Methoden, mit dem Traum umzugehen. Eine Methode ist z. B. die aktive Imagination, die ich weiter unten noch beschreiben werde. Eine andere würde darin bestehen, den Traum zu malen. Auch dann beschäftige ich mich mit dem Traum und kann das Bild weiter auf mich wirken lassen.

Es gibt Träume, die immer wiederkehren. Ein Grundsatz Jungs lautet: Immer wiederkehrende Träume verlangen nach einer Antwort. Ein solcher Traum ist ein Zeichen, dass ich eine bestimmte Aufgabe erfüllen muss. Ein Beispiel: Eine Frau erzählte mir, dass sie immer wieder von ihren verstorbenen Großeltern träume. Sie träumt, dass beide im Sarg liegen. Man möchte den Sarg zumachen. Die Träumerin weiß aber im Traum, dass die beiden noch gar nicht tot sind. Sie möchte schreien. Aber es gelingt ihr nicht. Dann wacht sie erschreckt auf. Ich sagte ihr: »Der Traum verlangt nach einer Antwort. Träumen

Sie den Traum weiter und fragen Sie die Großeltern, was sie Ihnen noch sagen möchten.« Sie träumte den Traum weiter, und die Großeltern gaben ihr tatsächlich eine wichtige Botschaft für ihr Leben mit. Sie hatte die Antwort erhalten, die bislang fehlte. Und der Traum wiederholte sich auch nicht mehr.

Ein anderes Beispiel: Eine Frau träumte immer wieder, dass sie mit ihrem Auto einen Berg hinauffährt. Sie gibt Gas, aber das Auto fährt einfach nicht. Es hat zu wenig Kraft. Als wir darüber sprachen, wurde dieser Frau klar, dass sie in ihrem Alltag zu wenig Raum zum Auftanken hat. Der immer wiederkehrende Traum hörte erst auf, als sie sich selber die Antwort gab: sich mehr Raum für sich selbst, für das eigene Auftanken zu gönnen.

Es gibt aber auch Träume, die eine gewisse Zeit wiederkehren und auf einmal aufhören, ohne dass ich bewusst eine Antwort gegeben hätte. Dann hat das Leben selbst die Antwort gegeben. Ein Beispiel dafür sind die Fallträume, die in der Pubertät häufig vorkommen. In dieser Lebensphase bedeuten solche Fallträume, dass der Boden, auf dem man steht, nicht mehr trägt und dass man eine neue Grundlage für sein Leben entdecken sollte. Oft hören solche Träume auf, ohne dass der Träumende bewusst reagiert hätte. Aber das Leben selbst hat eine Antwort gegeben. Wenn der Jugendliche eine neue Grundlage für sein Leben gefunden hat, hat sich die Botschaft des Traums sozusagen von selbst erledigt, und dann »braucht« er diesen Traum nicht mehr.

Ein anderer Grundsatz Jungs: Die Träume sind eine wichtige Hilfe bei Entscheidungen. Sie zeigen einen anderen Aspekt als das rein rationale Überlegen, welche Entscheidung ich treffen soll. Aber Jung sagt auch: Ich soll dem Traum die Entscheidung nicht überlassen. Der Traum zeigt mir die Sicht des Unbewussten zum Problem der Entscheidung auf. Aber ich muss dann beide Aspekte berücksichtigen: den des Bewussten und den des Unbewussten. Es geht darum, mit meinem Verstand und meinem Willen eine gute Entscheidung zu finden, die die bewussten und unbewussten Seiten berücksichtigt.

Objektstufe und Subjektstufe

C. G. Jung macht bei der Deutung der Träume eine wichtige Unterscheidung: Es gibt eine Deutung auf der Objektstufe und eine auf der Subjektstufe. Auf der Objektstufe sagen die Träume etwas über die aus, mit denen ich zu tun habe, über die Beschaffenheit der äußeren Dinge, von denen ich träume. So kann mich ein Traum darauf hinweisen, dass meine Leiter defekt ist oder dass ich vergessen habe, das Haus abzuschließen. Oft nimmt der Traum die Erfahrungen des Tages auf und nimmt die Tagesreste als Material, um mich auf Wichtiges aufmerksam zu machen. Der Traum hat auf der Objektstufe eine kompensatorische Funktion, d. h. er ergänzt meine bewusste Sicht der Dinge. Wenn ich tagsüber ein Gespräch mit einem Freund hatte, so hat mein Bewusstsein vieles nicht wahrgenommen, ich war beschäftigt mit Nachdenken und habe übersehen, wie es ihm eigentlich geht. Im Traum begegne ich dem gleichen Menschen, aber er ist krank. Dann weist mich der Traum auf das hin, was das Unbewusste beim Gespräch wahrgenommen hat. Es ist aber nicht in mein Bewusstsein gedrungen. Der Traum zeigt mir also eine Seite auf, die ich beim Gespräch übersehen habe. Er kompensiert meine einseitige Sicht und zeigt mir die bisher verborgene Seite dieses Menschen. Ich kann natürlich genauso gut sagen: Gott will mir im Traum die Wahrheit des Freundes aufdecken. Zumindest weist er mich durch die Beobachtungen meines Unbewussten auf wichtige Seiten meines Freundes hin, die ich sonst übersehen würde. Da unsere bewusste Sicht oft von unserem Wunschdenken beeinflusst ist, ist es wichtig, auf die Sicht des Unbewussten zu hören. Sie ergänzt unsere Sicht. Theologisch gesprochen: Gott befreit mich in der Traumsicht von meiner Blindheit, um mich auf die Wahrheit zu stoßen.

Ein Beispiel für die Traumdeutung auf der Objektstufe: Eine junge Frau war bei uns im Gästehaus. Beim Abendessen saß sie einem Studenten gegenüber, dem gegenüber sie sich nicht wohl fühlte, weil sie sich von ihm beobachtet und beurteilt glaubte. In der Nacht träumte sie dann, dass sie diesem Studenten im Treppenhaus begegnet. Doch der junge Mann hatte seinen Arm gebrochen und hielt den Arm in Gips hoch. Der Traum wollte der jungen Frau sagen: Dieser junge Mann ist doch gar nicht so stark, wie du ihn in deiner Vorstellung gemacht hast. Er ist selbst ein gebrochener Mann. Du hast ihn dir zu groß vorgestellt.

Dieser Traum hatte also eine kompensatorische Bedeutung. Er zeigte ihr die schwache Seite des jungen Mannes, damit sie ihn realistischer sehen konnte.

Auf der Subjektstufe betrachtet würde der gleiche Traum der jungen Frau bedeuten: Meine männliche Seite ist verletzt. Sie ist nicht stark genug. So verstanden ist der Traum eine Aufforderung, ihre männliche Seite zu entwickeln.

Auch wenn ich sie auf der Subjektstufe deute, können die Träume eine kompensatorische Bedeutung haben. Sie zeigen mir Seiten in mir auf, die ich nicht wahrhaben möchte.

Jung erzählt ein Beispiel: Ein Mann träumt von einer verwahrlosten und betrunkenen, vulgären Person, die sich seine Frau nennt. Er versucht, diesen Traum auf seine Frau hin zu deuten. In ihr sind solche primitiven Seiten. Doch das ist nur eine Abwehr, um sich der eigenen Wahrheit nicht zu stellen. Für Jung weist die betrunkene Frau darauf hin, dass in dem Mann, der nach außen hin völlig intakt war, die Animaseite in einem erbärmlichen Zustand ist: »Dies war in unserem Träumer der Fall: Seine weibliche Seite war nicht eben angenehm. Die Aussage, auf seine Anima angewendet, trifft den Nagel auf den Kopf, indem sie ihm zu verstehen gibt: Du benimmst dich wie ein degeneriertes Frauenzimmer. Das ist ein Tiefschlag und soll einer sein.« Dieser Traum hat also eine kompensatorische Bedeutung und stellt den Versuch dar, »für die Einseitigkeit des Bewusstseins des Träumers ein Gegengewicht zu schaffen, der sich eingebildet hatte, durch und durch ein Gentleman zu sein« (Jung, GW 18/1, 206).

Wenn wir von verwahrlosten und heruntergekommenen Menschen träumen, möchten wir diese Träume gerne auf der Objektstufe deuten. Wir meinen, der Traum gebe uns eine Information über andere Menschen. Doch Jung sieht darin oft eine Abwehr, sich der eigenen Wahrheit zu stellen. Es gehört zur Demut, sich einzugestehen, dass die verwahrloste Person eine Seite in mir selber darstellt. Jung erzählt dazu: »Ich erinnere mich an zwei lehrreiche Fälle: Der eine träumte von einem betrunkenen Vagabunden, der im Straßengraben lag, der andere von einer betrunkenen Prostituierten, die sich in der Gosse wälzte. Ersterer war ein Theologe, Letztere eine distinguierte Dame der Gesellschaft, beide empört und entsetzt und durchaus nicht gewillt, zuzugeben, dass man von und aus sich selber träume. Ich gab beiden den wohlwollenden Rat, sich ein Stündchen Selbstbesinnung zu gönnen und fleißig und mit Andacht zu betrachten, wo und inwiefern sie beide nicht viel besser seien als der betrunkene Bruder im Straßengraben und die Schwester Prostituierte in der Gosse. Mit einem solchen Kanonenschuss beginnt oft der subtile Prozess der Selbsterkenntnis« (Jung, Von Traum und Selbsterkenntnis, 46).

Als Grundregel der Traumdeutung gilt, dass ich den Traum erst einmal auf der Objektstufe interpretieren soll. Ich soll also erst einmal fragen, was mir der Traum über Menschen, über Situationen, über Geschäfte, über meinen Beruf, über mein Engagement in einem Verein usw. aussagt. So träumte ein Mann von seinem Geschäftsfreund, dass er ihn zum Abendessen eingeladen und ihm Gemüse vorgesetzt habe, das von Würmern wimmelte. Er ahnte, dass der Traum ihn warnen wollte, mit ihm ein Geschäft abzuschließen. Er trat von dem Vorhaben zurück. Die Entwicklung zeigte ihm, dass er recht gehandelt hatte, da sich der Partner als Betrüger erwies. Hier offenbarte ihm der Traum Seiten seines Geschäftspartners, die das Bewusstsein nicht wahrgenommen hatte, weil es zu sehr von den eigenen Vorstellungen blockiert war. Er wurde durch den Traum vor einer Fehlentscheidung bewahrt, bei der er viel Geld verloren hätte. Auch mir selber ist Ähnliches passiert: In den Anfängen meiner Zeit als Cellerar bekam ich von einem Finanzberater aus Bern ein lukratives Angebot, wie ich über die Aufnahme von Darlehen viel Geld verdienen konnte. Für die Schule brauchte ich neue Finanzierungsquellen. Also sagte ich einen Termin in Locarno zu. Das bedeutete, dass ich sechs Stunden hin und sechs Stunden zurück zu fahren hatte. In der Nacht vor meiner Fahrt träumte ich, dass da etwas schiefläuft. Als ich aufwachte, dachte ich: Das ist nur ein Traum. Ich habe den Termin ausgemacht und fahre deshalb auch hin. Ich nahm die Strapaze auf mich. Doch beim Gespräch mit dem am Telefon so seriös klingenden Schweizer Unternehmensberater spürte ich, dass etwas nicht stimmte. Der Traum hatte mich gewarnt. Wenn ich den Traum ernst genommen hätte, hätte ich mir die Fahrt nach Locarno sparen können. Doch mein männlicher Ehrgeiz wollte die Stimme des Traumes nicht beachten. Immerhin hat mich der Traum sensibel gemacht, bei den Verhandlungen meinem Gefühl zu trauen und von dem Geschäft Abstand zu nehmen.

Die zweite Methode der Traumdeutung ist die Deutung auf der Subjektstufe, d.h., alle Personen und alle Dinge, die ich im Traum sehe, sind Teile meiner eigenen Person und sagen etwas über meinen Zustand aus. Der Traum beschreibt mir in Bildern, wie es um mich steht. Oft genug sind Bilder hilfreicher, um die eigene Situation auszudrücken, als rationale Beschreibungen. Die Traumbilder sind jedoch offen für mehrere Deutungen. Sie sind zwar nicht beliebig deutbar, aber sie müssen doch im Zusammenhang mit der eigenen Lebensgeschichte und mit der momentanen inneren Situation gesehen werden. Es hat also keinen Zweck, ein Lexikon der Traumsymbole zu lesen und zu meinen, Auto bedeute immer das Ich, Pferd immer meine Vitalität. Ich soll selbst assoziieren, was mir dazu einfällt. Die Kenntnis der Symbole kann zwar hilfreich sein, aber wir müssen zugleich die innere Freiheit behalten, die Symbole konkret auf uns selbst zu beziehen. Für Jung ist es sinnvoll, die Symbolik mythologischer Texte zu kennen. Denn die Träume sprechen oft eine archaische Sprache. Daher ist es sinnvoll, die Symbole zu erforschen, wie sie uns in vielen Mythen und Sagen begegnen. Es sind meist archetypische Bilder, die in vielen Kulturen und Religionen gleich sind und etwas Wesentliches über den Menschen und seine innere Wandlung aussagen.

Im Folgenden sollen einige Traumsymbole und typische Träume dargestellt werden, um Anregungen für die eigene Deutung zu geben. C. G. Jung sagt immer wieder, dass es keine absolut richtige Traumdeutung gebe; man müsse vielmehr genau in die Situation des Einzelnen hineinschauen und die Träume damit ins Gespräch bringen.

5. Sprache der Träume – Bedeutung der Bilder

In unserem interkulturellen Dialog zwischen einem im westlichen Kulturraum beheimateten Mönch und einer asiatischen Theologin ist uns aufgegangen, dass die Kultur in der Traumdeutung eine große Rolle spielt. In den unterschiedlichen Kulturen werden die Träume auch unterschiedlich gedeutet. Manchmal widerspricht etwa die Deutung eines Traumes, wie sie ein chinesischer Philosoph gibt, der Deutung, wie sie in Europa üblich ist. Es gibt keine einheitliche Deutung. Wir möchten uns beim Verstehen der Traumsprache auf die Psychologie von C. G. Jung beschränken. Der Schweizer Jung hat sich in seiner Psychologie gerade auch mit indischer und chinesischer Kultur befasst und sich insbesondere für die Symbolik der Mythen und Sagen dieses Kulturkreises interessiert. Uns ist natürlich bewusst, dass wir in diesem Buch nur Anregungen geben können, die Sprache der Träume zu verstehen. Jeder muss die Träume – so sagt C. G. Jung – immer in seinem persönlichen Kontext sehen und – so ist die Erkenntnis unseres interkulturellen Dialogs – immer auch im Rahmen seiner eigenen Kultur. Trotzdem – so glauben wir – gibt es in der menschlichen Seele archetypische Bilder, die unabhängig von der Kultur sind, die das Wesen des Menschen zum Ausdruck bringen.

Wir möchten den Ausdruck von John Sanford von der »vergessenen Sprache Gottes« in den Träumen noch einmal aufgreifen und weiter bedenken, weil er sowohl europäischem wie chinesischem Denken entspricht. Um »Gottes vergessene Sprache« zu lernen, ist es hilfreich, die Erkenntnisse der Psychologie über die Symbolik der Märchen und Mythen und über die Symbolik der Träume zu studieren. Aber zugleich sollten wir wissen, dass es nicht hilft, im Traumlexikon nachzuschlagen, was dieses oder jenes Symbol bedeutet, und dann rein abstrakt und theoretisch eine Traumdeutung zu geben. Vielmehr geschieht die Deutung des Traumes immer im Gespräch mit dem Träumenden. Dabei ist mir folgende Haltung wichtig: Ich nehme, wie schon mehrfach erwähnt, den Traum als einmaliges Kunstwerk und verzichte darauf, meine Vorurteile in den Traum hineinzulegen. Ich schaue mir den Traum möglichst vorurteilsfrei an. Und es braucht die Ehrfurcht vor dem Traum des anderen. Ich frage den Träumenden, wo mir etwas unklar ist. Und ich frage nach dem Hintergrund, nach der Situation, in der der Träumende diesen Traum geträumt hat. Und ich frage auch, welche Gefühle der Träumende im Traum und beim Aufwachen hatte. Hilfreich sind auch Nachfragen wie: Welche Überschrift würden Sie diesem Traum geben? Welcher Einfall kam Ihnen spontan beim Aufwachen? Auf was haben Sie selbst den Traum bezogen?

Ich versuche also nicht, dem Träumenden eine Deutung aufzudrängen. Ich erzähle ihm vielmehr meine Gefühle, die mir selber beim Erzählen des Traumes kamen, und bringe die Bilder ein, die in mir aufstiegen, als ich seinen

Traum hörte. Ich biete ihm also meine Gefühle, meine Assoziationen und meine Bilder nur an. Er soll dann selbst spüren, ob er sich durch meine Worte angesprochen fühlt oder ob sie an seinem Herzen vorbeigehen. Er soll seinem eigenen Gefühl trauen und sich von mir keine Deutung aufdrängen lassen. Entscheidend ist, dass ich dem Träumenden nichts einrede, sondern seinen Traum wertfrei anschaue. Auf keinen Fall darf ich den Traum sofort zu einem Urteil missbrauchen, etwa in dem Sinn: »Du hast diese oder jene Probleme!« Wenn ich den Traum des Träumenden werte, wird der Traumerzähler verstummen. Daher geht es darum, sich aller Urteile und Wertungen zu enthalten. In diesem Sinn möchte ich auch im Folgenden einige Träume und Traumbilder anschauen. Dabei dürften die Bilder, die im Traum aufscheinen, eher archetypische Bilder sein, die sowohl in der abendländischen als auch in der asiatischen Seele aufsteigen. Bei der Deutung dieser Symbole halte ich mich weniger an die taoistische Tradition als vielmehr an die Sichtweise, wie ich sie von C. G. Jung gelernt habe. Da Jung über Symbole aber auch immer kulturübergreifend nachgedacht und geschrieben hat, mag diese Sicht auch eine für beide Traditionen, die westliche wie die östliche, offene sein.

Die verschiedenen Arten von Träumen und die vielen Symbole, die ich im Folgenden erwähnen werde, sollen nicht wie ein Traumlexikon verstanden werden. Es sind vielmehr immer ganz konkrete Träume, die mir Menschen in der Begleitung oder bei den Traumkursen erzählt haben. Sie drücken also die eigene, individuelle Erfahrung aus. Und auch wenn die Symbole eine bestimmte Richtung der Deutung nahelegen, so ist doch jeder Traum einmalig. Und ich selber muss mich immer wieder neu in den Traum hineinmeditieren und gut auf mich selbst achten, welche Bilder da in mir auftauchen, welche Gefühle ich beim Erzählen des Traumes in mir spüre und welche Assoziationen mir einfallen. Dabei habe ich die Erfahrung gemacht, dass ich manchmal fremde Träume leichter verstehen und deuten kann als meine eigenen Träume. Wenn ich meine eigenen Träume anschaue, dann achte ich vor allem auf den Kontext und auf die Symbole. Und dann versuche ich den Traum einfach zu meditieren, ohne mich unter Druck zu setzen, ihn auch deuten zu müssen. Manchmal werden mir meine Träume erst viel später in ihrer Bedeutung erschlossen, etwa wenn ich nach einer Zeit nochmals die aufgeschriebenen Träume durchlese.

Hausträume

Ein häufiges Traumsymbol ist das Haus. Das Haus steht für das eigene Lebenshaus. Die einzelnen Räume haben dabei ihre je eigene Bedeutung. Der Keller steht z. B. für das Unbewusste. Eine Frau träumte, dass sie im Keller ein Giftfass entsorgen sollte. Sie ging also in den Keller und auf das Fass zu. Aber je näher sie dem Fass kam, desto kleiner wurde es. Zuletzt konnte sie die kleine Giftdose mühelos entsorgen. Dieser Traum hat beide Aspekte: Er zeigt den Zustand der Frau auf, dass in ihrem Unbewussten Gift ist. Sie hat offensichtlich einiges verdrängt, was in ihr zu Gift geworden ist, das das Unbewusste vergiftet.

Auf der anderen Seite ist der Traum auch eine frohe Botschaft. Die Frau ist schon dabei, sich dem Verdrängten zu stellen. Und der Traum gibt den Impuls, sich dem Unbewussten noch mehr zu stellen. Zugleich steckt in dem Traum die Verheißung: Je näher ich dem Unbewussten komme, desto ungefährlicher wird es. Ich kann voll Vertrauen in den Keller meines Unbewussten hineingehen. Es gibt letztlich nichts Gefährliches darin.

Ein Mann träumte, dass in seinem Keller eine Quelle sprudelte. Es war ihm am Anfang ganz unangenehm, dass da Wasser in seinem Keller war. Er wollte den Keller sauber halten, um ihn als Lagerraum zu nutzen. Im Gespräch wurde dem Mann klar, dass er sein Unbewusstes immer nur als Lagerraum für sein Wissen verstanden hatte. Jetzt sagte ihm der Traum, dass da tief in seinem Unbewussten eine Quelle ist, die sein Leben und auch sein Denken befruchten möchte. Statt sich zu ärgern, war er auf einmal dankbar, dass da in ihm eine Quelle sprudelt, aus der er schöpfen kann.

Eine Therapeutin erzählte mir: Sie träumte von dem Zimmer, in dem sie als Kind gelebt hatte. Das Kinderzimmer war voll von kaputten Lampen. Im Gespräch ging der Therapeutin auf: Ich muss nochmals genauer in diese Zeit schauen, in der ich dort als Kind gelebt habe. Da könnten mir viele Lichter aufgehen. – Manchmal träumen wir von Räumen in unserem Haus, die wir noch gar nicht kennen. Sie weisen uns auf innere Räume unserer Seele, die wir noch gar nicht kennen und die wir noch nicht bewohnen.

Eine Frau erzählte mir, dass sie im Traum einen großen barocken Saal in ihrem Haus betreten habe, den sie vorher noch nie gesehen hatte. Es tut sich in ihr also etwas auf, etwas Geräumiges, Schönes, etwas Freies und Spielerisches, wie es der Barock darstellt. Ein solcher Traum bewirkt eine positive Grundstimmung. Wir erleben uns am nächsten Tag anders.

Eine Frau, die sehr aktiv in der Pfarrei tätig war, träumte davon, dass ständig fremde Menschen in ihrem Schlafzimmer sind. Sie träumte diesen Traum in verschiedenen Varianten öfter. Der immer wiederkehrende Traum war für sie eine Einladung, sich besser abzugrenzen. Die Träume zeigten ihr, dass sogar ihr ganz persönlicher und intimer Bereich – das Schlafzimmer ist ein Symbol dafür – von fremden Menschen betreten wird. Sie hat sich zu wenig abgegrenzt und ihr Inneres zu wenig vor den anderen geschützt. Und sie hat den Traum als eine Mahnung verstanden, besser für sich zu sorgen.

Ein Mann erzählte mir, dass er von seinem Elternhaus geträumt habe. Es sei wie ein Kartenhaus zusammengefallen. Im Gespräch wurde ihm klar, dass das Elternhaus ihn nicht mehr an sich bindet. Er ist frei geworden. Er muss seinen eigenen Weg gehen, ohne Rücksicht auf das, was die Eltern wollen. Viele träumen von ihrem Elternhaus. Solche Träume laden immer ein, genauer hinzuschauen, was ich damals in meinem Elternhaus erlebt habe, wie ich mich selbst darin gefühlt habe und wofür mein Elternhaus heute steht.

Es gibt Träume, in denen wir umgezogen oder am Umziehen sind, oder andere, in denen wir ständig umbauen. All diese Träume zeigen an, dass wir innerlich im Umbruch sind. Es tut sich etwas in unserem inneren

Haus. Oder aber der Traum lädt uns ein, wirklich auszuziehen aus der alten Wohnung und uns ein Haus zu formen, das unserem Wesen jetzt mehr entspricht. Vielleicht sollte ich aus alten Gewohnheiten ausziehen und in eine neue Form des Lebens einziehen. Wir sollten solche Träume Gott hinhalten und ihn bitten, dass er uns bei allen inneren und äußeren Umbrüchen begleiten möge und dass er uns zeigt, wohin wir umziehen sollen, was sich in unserem Leben ändern sollte.

Auch Einbrecherträume beziehen sich auf die Symbolik des Hauses. Ein Einbrechertraum ist nicht von sich aus positiv oder negativ. Es kann sein, dass Kräfte gewaltsam in mein Haus einbrechen, weil ich sie nicht zulasse. Dann soll ich mich mit ihnen anfreunden und sie freiwillig in mein Haus lassen. Es kann aber auch sein, dass fremde Kräfte in mein Haus eindringen und es ausrauben, weil in mir alles offen steht, weil ich nicht bei mir bin. Alle Türen stehen offen, so dass ständig gefährliche Gedanken und Regungen bei mir eintreten können. Dann müsste ich mich dagegen schützen, indem ich Gott mehr Raum in mir gebe, dass er mein Haus ausfüllt und es so unzugänglich für fremde Kräfte macht. In welcher Richtung ich den Einbrechertraum deuten soll, kann ich erst durch das Gespräch mit dem Traum und den Traumbildern erkennen. Dabei soll ich den Traum immer auch auf meine konkrete Situation beziehen. Traum und Realität interpretieren sich gegenseitig.

Autoträume

Ein anderes wichtiges Traumsymbol ist das Auto. Das Wort kommt ja von »autos = selbst«. So ist das Auto ein Symbol für das Selbst. Da gibt es Träume, in denen ich mit dem Auto fahre und auf einmal in unbekannte Gegenden komme, in denen ich nicht mehr weiterweiß. Das ist dann immer eine Mahnung, innezuhalten und über meinen Weg nachzudenken. Wenn ich von einem Auto träume, das ich zwar mit dem Steuer lenken möchte, das aber hinfährt, wo es will, das sich einfach nicht lenken lässt, dann kann das ein Bild dafür sein, dass ich die Kontrolle über mich selbst verloren habe, dass ich von anderen, unbewussten Kräften gesteuert werde. Manchmal bin ich auch nur Beifahrer. Ein anderer sitzt am Steuer. Dann kann ich mich fragen: Wer steuert mich momentan? Der Traum ist eine Mahnung, das Steuer meines Lebens wieder selbst in die Hand zu nehmen. Oder der bereits erwähnte Traum, in dem jemand mit dem Auto einen Berg hinauffährt, Gas gibt und doch nicht vom Fleck kommt. Wenn ich nicht die Kraft in mir habe für die Aufgaben, die mich erwarten, wenn ich vor einem Berg von Problemen stehe, ohne vorher aufgetankt zu haben, soll ich – so die Botschaft dieses Traums – überlegen, wo für mich Kraftquellen wären, welche innere Quelle ich verschüttet habe und welche innere Kraft ich mobilisieren oder zulassen könnte. Der Traum gibt dann keine konkrete Handlungsanweisung. Ich weiß beim Aufwachen nicht, was ich genau tun soll. Aber ich spüre doch, wenn ich achtsam bin, welches Thema die nächsten Tage und Wochen bei mir ansteht. Ich werde sensibler werden für Überanstrengung, für Blockierungen, für die Verstopfung meiner Quellen, für das Abgeschnittensein von Gott. Und wenn ich darauf achte, kommt in mir etwas in Bewegung, Gott kann seine Gnade als neue Quelle der Kraft wieder in mir fließen lassen.

Manchmal funktionieren im Traum die Bremsen des Autos nicht. Das ist dann auch immer eine Einladung, darüber nachzudenken, ob ich vielleicht ein Tempo in meinem Leben oder meiner Arbeit entwickelt habe, das sich nicht mehr bremsen lässt. So ein Traum lässt uns ja oft voller Schrecken und zugleich voller Erleichterung aufwachen, dass es nur ein Traum ist. Aber wir können solche Träume nicht übersehen. Sie mahnen uns, kürzer zu treten und öfter mal die Bremse zu betätigen, uns Zeit für uns selbst zu gönnen und achtsamer mit uns umzugehen.

Häufig kommen auch Träume vor, in denen wir unser Auto irgendwo abstellen und parken. Und nachdem wir erledigt haben, was zu tun war, suchen wir unser Auto und finden es nicht mehr. Das kann natürlich auf reale Erfahrungen hinweisen, wenn wir etwa in der Tiefgarage unser Auto nicht finden, weil wir uns die Nummer des Standorts nicht gemerkt haben. Aber normalerweise hat ein solches Traumbild eine tiefere Bedeutung. Es weist darauf hin, dass wir die Beziehung zu unserem Selbst verloren haben, dass wir uns selbst in lauter Aktivitäten verloren haben. Manchmal träumen wir auch, dass unser Auto einfach nicht mehr dort steht, wo wir es hingestellt haben. Wir haben im Traum sofort den Verdacht, irgendjemand hätte unser Auto gestohlen. Ein solcher Traum ist immer eine Mahnung: Wo ist dein Selbst? Findest du dein

Selbst nicht mehr? Lebst du zu äußerlich? Wer stiehlt dir dein Selbst? Lässt du dich zu sehr von anderen bestimmen? Träume dieser Art sind gleichsam eine Hilfe zur eigenen Gewissenserforschung. Wenn wir unser Gewissen lediglich bewusst erforschen, dann entdecken wir oft nur das Oberflächliche. Der Traum zeigt uns, wie es uns in unserer Tiefe in Wahrheit geht. Und das sollten wir dann Gott hinhalten und ihn bitten, dass er uns hilft, bewusst und achtsam zu leben, aus der innersten Mitte unseres Selbst heraus zu denken und zu handeln.

Fallträume

Typisch sind Fallträume. Ich falle im Traum ins Bodenlose. Ich frage mich dann, wo ich den Halt verloren habe, wo ich zu hoch hinaufgestiegen bin, wo ich mich verstiegen habe. Der Traum will mir keine Angst machen, dass ich demnächst die Treppe hinunterfallen werde. Er will mich ermahnen, mein Maß zu finden und nach meinem Halt zu fragen. Er ist ein Ansporn für mich, in Gott meinen Halt zu suchen, mir bewusst zu machen, dass ich keine Garantie habe, nicht zu scheitern oder zu fallen, aber dass ich in Gott gehalten bin und auf ihn bauen kann. In der Deutung brauche ich nur die Bilder des Traumes weiter auszumalen oder sie mit der bildhaften Sprache des Volksmundes zu beschreiben. Dann spüre ich sofort, dass ich nicht über eine äußere Treppe spreche, sondern über eine innere Situation, dass mein Fallen den Zustand meines Herzens meint. Oft zeigen Fallträume eine innere

Veränderung an und bedeuten mir, dass der Boden nicht mehr trägt, auf dem ich stehe. Ich brauche eine andere Grundlage für mein Leben. Auch wenn uns solche Träume manchmal Angst machen, so sind es keine schlechten Träume, sondern eine positive Aufforderung, ein neues Fundament für unser Leben zu suchen.

Die Fallträume enden auf verschiedene Weise. Es gibt Träume, in denen ich von einem hohen Felsen ins Wasser falle und dort eintauche und schwimme. Manchmal lande ich trotz der großen Höhe sanft in einer Blumenwiese. Doch manchmal wache ich während des Fallens auf. Ich sehe gar keinen Grund, auf den ich fallen könnte. Ich falle ins Bodenlose. Diese Träume braucht man nicht extra zu deuten. Ich meditiere sie, halte sie Gott hin und bespreche sie mit ihm im Gebet. Dann erkenne ich, was er mir damit sagen möchte.

Ausscheidungen

Häufig träumen wir, dass wir in einem großen Haus nach einer Toilette suchen. Manchmal werden solche Träume einfach durch den Harndrang hervorgerufen. Wenn wir dann aufwachen, müssen wir auf die Toilette. Aber oft haben solche Träume auch eine tiefere Bedeutung. Wir wollen austreten. Aber wir finden die Toilette nicht. Oder sie ist schon belegt. Oder sie hat keine Türe, so dass wir nicht geschützt sind. Ausscheidungen haben mit Loslassen zu tun. Wir sollen alten Mist loslassen. Aber wir finden nicht den richtigen Ort dazu. Wir finden keine Gelegenheit, das, was uns belastet, loszulassen. Solche Träume laden uns dann dazu ein, nachzudenken über das, was wir loslassen sollten. Wo sollten wir alte Konflikte einfach ausscheiden und – wie durch die Toilette – wegspülen?

Sexuelle oder erotische Träume

Manche Menschen erschrecken vor sexuellen Träumen. Da träumen verheiratete Frauen, dass sie mit einem fremden Mann schlafen. Ordensmänner träumen davon, dass sie mit einer Frau im Bett liegen. Viele genieren sich dann, solche Träume zu erzählen. Sie haben Angst, dass man sie sofort moralisierend interpretiert. Es geht da auch keineswegs nur um verdrängte, im Bewusstsein nicht zugelassene sexuelle Triebimpulse. Die sexuellen Träume haben immer auch eine tiefere Bedeutung. Zum einen sagen sie uns, dass die Sexualität eine ganz normale Kraft ist, die Gott uns geschenkt hat. Zum anderen zeigen sie uns, dass wir eins werden mit der Anima, wenn wir mit einer Frau schlafen, bzw. mit dem Animus, wenn wir mit einem Mann schlafen. Es geht also um die Integration von Anima und Animus. Die Anima als weibliche Seite in uns kann nach C. G. Jung beim Mann ja in verschiedenen Entwicklungsstufen vorkommen, entsprechend dem Grad der Entwicklung seiner Gefühlsfunktion. Und der Animus als Sammlung von unbewussten maskulinen Potenzialen hat für die Frau eine entsprechende Bedeutung.

Und es geht natürlich auch um die Integration der Sexualität in unser Leben. Solche Träume haben immer auch beide Aspekte in sich: Sie zeigen an, was in uns geschieht, dass z.B. in uns schon die Integration von Anima und Animus stattfindet. Und sie mahnen uns, Anima und Animus in uns noch mehr zu integrieren.

Verfolgungsträume

Viele Menschen haben auch Verfolgungsträume. Verfolgungsträume sind Schattenträume. Immer wenn mich jemand verfolgt, ist es ein Zeichen, dass ich etwas bei mir nicht angenommen habe. Der Verfolger ist mein Schatten. Das kann ein Mensch sein, ein dunkler Typ, der mich auf meine dunklen Seiten hinweist, oder ein Feind, der zeigt, dass ich mit mir selbst im Kampf liege. Manchmal verfolgt mich ein Mann. Er weist mich auf meinen Animus, auf meine männliche Seite hin, die ich zu wenig integriert habe. Oder es verfolgt mich eine Frau, die für die Anima-Seite in mir steht. Es wäre dann wichtig, diese »Animus- oder Anima-Seite« genauer anzuschauen. Ist es ein großer Mann, ein dunkler Mann, ein aggressiver oder ein sympathischer Mann? Ist es eine schöne, angenehme oder aber eine unangenehme Frau? Manchmal ist es ein Verbrecher, der uns verfolgt. Der Verbrecher zeigt die negative Seite des Animus. Wir sind mit unserem Animus so wenig in Berührung, dass er in der übertriebenen Maske des Verbrechers auftaucht. Manchmal wachen wir voller Angst auf. Wir können uns gerade noch vor dem Verbrecher schützen und ihm entfliehen. Oder aber wir wachen auf, weil wir nicht mehr ausweichen können.

Die richtige Reaktion auf einen Verfolgungstraum wäre, den Traum weiterzumeditieren und sich vorzustellen, dass ich mich umdrehe und den Verfolger freundlich anschaue und ihn frage, warum er mich verfolgt. Vielleicht entpuppt sich dann der Verfolger sogar als einer, der mich auf etwas Wesentliches aufmerksam machen möchte. Und vielleicht kann ich dann den Verfolger sogar umarmen. Dann habe ich die Herausforderung angenommen, und dann ist auch ein Stück Schatten bei mir integriert. Den Schatten kann ich ja nicht integrieren, indem ich etwas intellektuell einsehe und in einen konkreten Vorsatz umgesetze, sondern indem ich ihn anschaue und mich mit ihm aussöhne. Ich kann nicht feststellen, was durch so eine Traummeditation in mir geschieht. Aber ich vertraue darauf, dass mir mein verdrängter Schatten bewusster und dadurch ein Teil von mir geworden ist. Ein Beispiel: Eine Musikstudentin schrieb mir: »Im Traum stehe ich in der Küche. Auf einmal kommt ein junger Mann mit einem Messer auf mich zu. Ich kann im Traum fliegen. Ich fliege also hoch. Doch ich komme nicht schnell genug vom Fleck. Der junge Mann packt mich an der Ferse. Dann wache ich voller Angst auf.« Sie fragte mich im Brief, was der Traum bedeute. Der Verfolgungstraum weist immer auf den Schatten hin. Aber was der Schatten genau bedeutet, das kann man nicht von außen her erkennen. Da wäre es hilfreich, mit dem Verfolger, also mit dem jungen Mann mit dem Messer, zu sprechen: »Was willst du von mir? Warum verfolgst du mich? Was willst du mir sagen?« Die Studentin machte diese Übung. Und nach dem inneren Gespräch mit dem jungen Mann übergab der ihr das Messer. Da wusste sie, was es bedeutet. Sie hatte sich immer selbst unter Druck gesetzt und sich ständig mit den anderen Musikstudenten verglichen. Das Messer sagte ihr: Ich muss mich abgrenzen. Ich muss mir mein richtiges Maß zurechtschneiden und darf mich nicht ständig mit den anderen vergleichen. Es war also letztlich ein hilfreicher Traum. Manche erleben so einen Verfolgungstraum als Alptraum. Aber auch der Alptraum will uns nur zeigen: Du musst unbedingt da hinschauen. Er hat eine wichtige Botschaft für dich. Du darfst sie nicht übersehen.

Krieg und Gefangenschaft

Ähnlich wie die Verfolgungsträume sind auch die Kriegsträume und Gefangenschaftsträume zu sehen. Sie zeigen, dass ich mit mir selbst im Kampf stehe, dass ich den inneren Feind bekämpfe oder dass ich in mir selbst gefangen bin, dass ich von destruktiven Kräften in mir gefangen gehalten werde. Krieg weist oft auf eine innere Zerrissenheit hin. Auch da ist es gut, den Traum zu meditieren, ihn Gott hinzuhalten. Er sagt mir durch den Kriegstraum etwas, was ich sonst übersehen würde, und weist mich auf einen Zustand hin, der mir unangenehm ist. Im Gebet allein würde ich diesen Zustand wahrscheinlich übersehen. Denn im Gebet kann ich aufsteigende Ahnungen durch eigene Worte überspielen. Im Traum kann ich nichts mehr überspielen, da kann ich nichts verdrängen, da sagt mir Gott schonungslos, wie es eigentlich um mich steht. Er führt mich zu einer radikaleren Selbsterkenntnis. Er deckt mir meine blinden Flecken auf. Und er kann es im Traum auf eine Weise tun, dass ich ihn dabei nicht stören kann.

Tierträume

Oft tauchen Tiere im Traum auf. Manche Tiere verfolgen uns. Andere begleiten uns. Jeder hat mit Tieren andere Erfahrungen gemacht. Deshalb hat das Tier für jeden andere Bedeutungen. Zuerst sollte man also seine eigenen Erfahrungen und Erlebnisse mit den Tieren anschauen und dann sagen, was einem spontan zu diesem Tier einfällt. Aber insgesamt kann man sagen, dass das Tier für die Instinktseite des Menschen steht, für seine Vitalität, für seine Sexualität und für die Weisheit des Instinktes. In Märchen kommen oft die Tiere dem Prinzen zu Hilfe, wenn er achtsam und liebevoll mit ihnen umgeht.

Ein Löwe, der mich verfolgt, weist mich auf meine Aggressionen hin, die ich nicht wahrhaben will, aber auch auf meine positive Kraft, die ich nicht zulasse. Der Löwe lädt mich ein, diese starke, aggressive Seite zu integrieren. Sie täte mir für meinen jetzigen Lebensabschnitt gut.

Eine Schlange kann mich auf meine Sexualität hinweisen, aber auch auf meine Schläue, auf meinen Instinkt. Für Freud haben Schlangen immer sexuelle Bedeutung. Doch das ist zu einseitig. Die Schlange ist auch ein Bild besonderer, urtümlicher Kräfte. Sie stellt denn auch nach aller psychologischen Erfahrung ein großes Symbol psychischer Energie dar. Wer im Traum der Schlange begegnet, der entdeckt in sich uralte Kräfte, die in seinem Unbewussten schlummern. Diese Kräfte können gefährdend oder heilbringend sein. So kann die Schlange heilende Vorgänge in unserer Seele anzeigen oder auch die Erfahrung innerer Wandlung, der Wiedergeburt aus dem Geiste. Die Schlange kann auch eine archetypische Bedeutung haben. Jung erzählt von einem jungen Mann, der träumte »von einer großen Schlange, die in einem unterirdischen Gewölbe eine goldene Schale bewachte« (Jung, GW 8, 332). Hier steht sie für das mythologische Bild der Bewährungsprobe für einen Helden.

Es gibt auch die vereinnahmende Schlange. Eine Frau träumte von einer großen Schlange. Beide fixierten sich mit ihren Augen. Dann nahm die Frau ein Schwert und schlug der Schlange den Kopf ab. Im Gespräch wurde der Frau klar, dass die Schlange für ihre Mutter stand, die sie vereinnahmen wollte. Der Traum zeigt, dass sie dabei ist, sich von der Mutter zu lösen und selbst ihren Weg zu gehen. Und zugleich möchte der Traum diese Tendenz zur Selbständigkeit verstärken.

Ein Mann träumte davon, dass er im Bett liegt. Auf einmal kommen aus den Wänden lauter kleine Schlangen heraus. Sie scheinen giftig zu sein. Er bekommt Angst und weiß gar nicht, wie er aus dem Zimmer herauskann. Überall sind die Schlangen. Hier scheinen die Schlangen eine sexuelle Bedeutung zu haben. Der Mann hatte bisher seine Sexualität verdrängt. Er war einen spirituellen Weg gegangen. Doch jetzt zwingt ihn der Traum, sich mit seiner Sexualität auseinanderzusetzen, sie wahrzunehmen, wie sie auch in ihm vorhanden ist und wie sie zu ihrem Recht kommen möchte. Er kann dem Raum nicht entkommen, ohne sich mit den Schlangen anzufreunden.

Der Hund steht oft für die Weisheit der Natur. Der Hund ist ein treuer Begleiter des Menschen, der ihn in Berührung bringt mit seiner Instinktseite. Aber manchmal treten die Hunde auch feindlich auf. Eine Frau erzählte von einem Traum, in dem ihr ein großer, schwarzer Hund feindlich entgegenkam. Die Frau erkannte, dass sie dem Hund nicht ausweichen konnte. Also ging sie mutig auf ihn zu. Doch je näher sie kam, desto kleiner wurde der Hund. Und er war nicht mehr feindlich, sondern freundlich. Der Traum zeigt, dass die Frau auf der einen Seite Angst hat vor ihrer Instinktseite. Sie vertraut lieber ihrem Kopf. Doch jetzt ist sie dabei, sich mit dieser Instinktseite auszusöhnen. Und so verliert sie ihre feindliche Dimension. Sie wird ihr vertraut. Sie schenkt ihr eine neue Art von Weisheit.

Das Pferd steht oft für beherrschte Vitalität und beherrschte Sexualität. Ein Priester erzählte mir: Er ging im Traum spazieren. Auf einmal kam ein Pferd daher. Er setzte sich auf das Pferd und ritt durch den Wald. Er kam in Gegenden, die er noch nie gesehen hatte. Zuletzt ritt er auf eine Wiese und stieg von dem Pferd ab. Da stieg in ihm die Frage auf: Ich möchte das Pferd weiter bei mir haben. Aber habe ich genügend Futter, um es zu ernähren. Der Traum zeigt, dass der Priester dabei ist, seine vitale Seite zu integrieren. Sie führt ihn in neue Bereiche und in eine neue Lebendigkeit. Aber zugleich ist der Traum eine Mahnung: Wie gehe ich mit dem Pferd um? Wie kann ich diese vitale Seite in mir nähren und fördern? – Aber es gibt im Traum nicht nur das Pferd, das mir Kraft verleiht und mir neue Möglichkeiten schenkt. Es gibt auch Pferde, die wild geworden sind oder die feindlich auf mich zulaufen. Dann wäre es wichtig, diesen Pferden freundlich gegenüberzutreten.

Die anderen Tiere möchte ich nur kurz nennen: Die Kuh steht für die mütterliche Dimension. Das Reh zeigt das Scheue und Reine der Vitalität und Sexualität. Die Katze steht für die weibliche Vitalität und zugleich für die Kraft und Zähigkeit der weiblichen Seite. Der Hase steht für die Fruchtbarkeit und für die ständige Erneuerung des Lebens. Hühner, die laut gackern, stehen für das Oberflächliche im Menschen. Mäuse und Ratten sind Bilder für die Sorgen, die an uns nagen.

Aber bei all diesen Hinweisen gilt: Tiere sind nie eindeutige Symbole. Jeder macht mit ihnen seine eigenen Erfahrungen. So gilt auch hier, dass ich zu ihnen assoziiere, was mir dazu einfällt, was das Tier in mir auslöst, woran es mich erinnert und was es mir jetzt sagen möchte.

Kinder-Träume

Träume, in denen Kinder eine Rolle spielen, können – ob sie nun von Frauen oder von Männern geträumt werden –, immer als Verheißungsträume verstanden werden. Gott zeigt uns, dass wir in Berührung kommen mit unserem wahren Selbst, mit dem ursprünglichen Bild, das Gott sich von uns gemacht hat. Etwas Neues will in uns wachsen. Wir selbst werden echter und authentischer. Aber zugleich sind die Kinderträume auch Mahnträume. Denn oft gehen wir im Traum nicht gut mit dem Kind um. Da haben wir ein kleines Kind im Arm und lassen es herunterfallen, so dass es sich verletzt. Eine Frau erzählte: Sie schob im Traum einen Kinderwagen mit einem kleinen Kind. Dann stellte sie den Kinderwagen mit dem Kind im Keller ab. Am Abend – noch im Traum – erinnerte sie sich, dass der Kinderwagen mit dem Kind ja noch im Keller stand. Der Traum zeigte ihr an: In dir wird etwas Neues geboren. Du stehst vor innerer Erneuerung. Aber du bist in Gefahr, das Neue immer wieder zu verdrängen, es in den Keller, in das Unbewusste, abzuschieben. Die gleiche Frau träumte ein Jahr später von zwei kleinen, lebendigen Kindern, die sie im Arm hielt, glücklich über ihre Lebendigkeit. Die Frau hat auf den ersten Kindertraum reagiert. Sie lebte bewusster. So zeigte der zweite Kindertraum ihre innere Verwandlung an. Wenn wir ein Traumtagebuch führen, so können wir erkennen, dass die Träume oft unseren inneren Entwicklungsweg – Jung nennt es den Prozess der Individuation – beschreiben.

Eine andere Frau schrieb mir: Ich gebäre ein Kind. Die Hebamme hilft mir bei der Geburt. Das Kind ist schon aus dem Mutterleib heraus, aber der Kopf will nicht folgen. Die Hebamme zieht und zieht. Der Hals wird länger. Aber der Kopf bleibt stecken. Dann wacht sie voller Angst auf. Der Traum ist die frohe Botschaft: In dir wird etwas Neues geboren. Du wirst authentisch. Aber der Kopf fehlt noch. Du hast die Aufgabe, das, was in dir wächst, auch mit dem Verstand zu reflektieren. Wage es, auf neue Weise zu denken und zu überlegen, welche äußeren Dinge in deinem Leben geändert werden sollten, damit du authentisch leben kannst.

Kinderträume sind meistens ein Zeichen, dass in uns etwas Neues aufbrechen möchte, dass wir mehr in Berührung kommen mit dem inneren Kind, mit dem unverfälschten Bild, das Gott sich von uns gemacht hat. Natürlich gibt es Kinderträume von jungen Frauen, die sich danach sehnen, in der Realität ein Kind zu bekommen. Aber häufig treten diese Kinderträume ja in der Lebensmitte auf – und zwar nicht nur bei Frauen, sondern auch bei Männern.

Wenn Männer von Kindern träumen, dann ist das ein Bild für das Neue und Unverfälschte, das in ihnen aufleben möchte. Kinderträume sind für Männer eine Einladung, ihre Masken abzulegen, ihre Rollen loszulassen und sich dem wahren Selbst zuzuwenden, sich nicht von ihrer Arbeit her zu definieren, sondern mit sich selbst in Berührung zu kommen. Kinderträume zeigen uns allen an, dass sich in unserer Seele etwas tut, dass wir auf dem Weg sind, unser wahres Selbst zu entdecken. Und zugleich zeigen uns die Kinderträume, dass wir mit dem Kind in uns achtsam und behutsam umgehen sollen.

Ich selber habe einmal von einem ganz kleinen Kind, einem Mädchen, geträumt. Es ist von der Leiter gefallen. Ich hebe es auf. Es ist so klein, dass es in meine Hand passt. Ich frage das kleine Mädchen, was es bedrängt und was es möchte. Aber es reagiert nicht. Aber dann wird es doch allmählich zutraulich und taut in meinen Händen auf. Es wird wieder lebendig. Ich habe über den Traum nachgedacht. Zum einen zeigt der Traum, dass ich mit mir selbst, mit meinem innersten Selbst, für das das Kind steht, nicht sorgfältig umgegangen bin. Aber zugleich zeigt der Traum, dass ich dabei bin, mit diesem ursprünglichen Bild Gottes in mir in Berührung zu kommen. Und das extrem kleine Kind – der Traum übertreibt ja oft in seinen Bildern – hatte für mich zwei Bedeutungen: Es mahnte mich, das göttliche Kind in mir nicht zu vernachlässigen. Und es zeigte mir, dass ich gerade in den unscheinbaren Dingen des Alltags mit meinem inneren Kind in Berührung bleiben soll.

Hochzeitsträume

Manche träumen von der Hochzeit. Wenn die Leute jung sind, können diese Träume Ausdruck ihrer Sehnsucht nach einer festen Beziehung sein. Aber wenn wir längst verheiratet sind, dann hat ein Hochzeitstraum eine andere Bedeutung. Die Hochzeit zwischen Mann und Frau ist ein Bild für die Vereinigung der Gegensätze, für die Verbindung von Anima und Animus. Es ist eine heilige Hochzeit. Gott selbst vereinigt in uns die Gegensätze. Und so werden wir Ort seiner Gegenwart. Nichts mehr in uns wird ausgeschlossen vom göttlichen Leben. Alles darf teilhaben an der Fülle des Lebens, alles kündet von diesem Leben.

Auch wir ehelosen Mönche können von Hochzeit träumen. Ich erinnere mich an einen Traum von meiner eigenen Hochzeit. Aber da war gar keine Braut. Ich ging allein in die Kirche. Und trotzdem war dort Hochzeit. Dieser Traum begleitete mich in der Zeit, in der ich mit Graf Dürckheim arbeitete und meine Träume betrachtete. Er war ein Zeichen, dass ich dabei war, ganz zu werden, auch meine Anima in mein Mönchsleben zu integrieren. Der Traum bestärkte mich auf meinem ehelosen Weg. Er schenkte mir Vertrauen, dass ich auch als eheloser Mönch ein ganzer Mensch sein kann: androgyn, wie es die Griechen nennen. Und der Traum ließ mich auch die biblische Geschichte von der Hochzeit zu Kana neu verstehen. Auch da geht es nicht nur um die äußere Feier einer Hochzeit, sondern letztlich darum, dass Gott selbst mit uns Hochzeit feiert, dass Gott mit uns eins werden möchte.

Nacktheit

Manchmal träumen wir, dass wir mitten in einer Gesellschaft nackt oder nur dürftig bekleidet sind. Oft ist uns das im Traum peinlich. Diese Träume vom Nacktsein haben zwei verschiedene Bedeutungen. Einmal wollen sie uns zeigen, wie dürftig unser Lebenskleid ist, wie hinter unserer selbstsicheren Fassade die Ahnung von Blößen ist, von innerer Nacktheit und Armut. Wir können unsere Fassade nicht aufrechterhalten. Die Leute schauen hinter die Fassade. Zum anderen aber kann so ein Traum auch zeigen, dass ich dabei bin, echt und authentisch zu sein. Ich verzichte auf meine Maske. Ich zeige mich den Menschen so, wie ich bin. Aber ich brauche auch Mut, mich so zu geben. Es ist mir noch peinlich, mich so zu geben, wie ich bin. Von mir selbst kenne ich Träume, in denen es mir ganz natürlich und selbstverständlich ist, dass ich nackt bin. Doch dann denke ich im Traum auf einmal, dass mich ja die anderen anschauen und dass ich jetzt nackt vor allen Leuten meinen Weg in mein Zimmer gehen muss, um mich anzukleiden. Dann wird es unangenehm. Für mich bedeutet das, dass es mir immer noch schwerfällt, mich vor den Menschen so zu zeigen, wie ich bin. Ich möchte doch mehr meine guten Seiten zeigen, als mich in meiner Wahrheit.

Ähnlich sind die Träume, in denen ich ohne Schuhe bin. Ich habe einmal geträumt, dass ich ohne Schuhe in die Kirche einziehe. Als ich darüber nachdachte, erkannte ich im Traum eine Aufforderung, den Boden, die einfachen und banalen Realitäten des Alltags, ernst zu nehmen, nicht zu entschweben, sondern in Kontakt zu bleiben mit meinen natürlichen Kräften. Meine Spiritualität sollte geerdet bleiben. Der Traum kann mich natürlich auch an die Geschichte vom brennenden Dornbusch erinnern. Gott spricht den Mose an: »Komm nicht näher heran! Leg deine Schuhe ab; denn der Ort, wo du stehst, ist heiliger Boden« (Ex 3,5).

Zu spät kommen

Manche Traumbilder entsprechen den Bildern, die Jesus uns in seinen Gleichnissen vor Augen hält. So spricht Jesus im Gleichnis von den zehn Jungfrauen davon, dass die fünf törichten Jungfrauen zu spät kommen und dann vor der verschlossenen Tür des Hochzeitssaales stehen. Wir ärgern uns beim Hören dieses Gleichnisses über die Strenge des Bräutigams, der kein Mitleid hat mit den Jungfrauen, nur weil sie etwas zu spät kommen. Doch dieses Motiv kennen wir auch aus dem Traum. Und dann ist der Traum – genauso wie das Gleichnis Jesu – eine Mahnung. Wer im Traum ständig zu spät kommt, der zeigt, dass er noch zu sehr in der Vergangenheit lebt und nicht in der Gegenwart. Jesus mahnt uns als die Zuhörer des Gleichnisses: »Seid also wachsam!« (Mt 25,13). Diese Mahnung gibt uns auch der Traum, wenn wir zu spät kommen. Wir kommen zu spät zum Termin, zu spät zum Zug. Der Zug ist schon abgefahren. Indem wir das so erzählen, merken wir, dass das voller Symbolik ist. Der Volksmund sagt ja auch: Der Zug ist abgefahren. Es hat keinen Sinn mehr, ihm nachzulaufen. Der Traum sagt jedoch nicht, dass er endgültig abgefahren ist. Er will uns vielmehr eindringlich mahnen, im Augenblick zu leben und nicht in der Vergangenheit. Sonst fährt der Zug doch noch ohne us ab.

Das Bild, zu spät zum Zug zu kommen, ist oft verbunden mit innerer Unruhe: Wir packen den Koffer. Aber wir werden nicht fertig mit dem Packen. Oder wir finden nicht das Richtige. Wir gehen mit dem falschen Koffer zum Zug. Oder wir haben das Geld oder Wichtiges für unsere Reise vergessen. Wir können uns dann fragen, was uns für den inneren Weg fehlt, welche wichtigen Dinge wir nicht mitgenommen haben. Das kann die Stille sein, die wir brauchen, das Gebet, die Gnade Gottes, die wir beiseitelassen. Es können aber auch wichtige Kräfte und Fähigkeiten sein, die in uns zu entwickeln wir verpasst haben. Wenn wir das Geld vergessen haben, dann fehlt uns die nötige Energie, ein Persönlichkeitswert, den wir unbedingt für unsere Reise brauchen. Wenn wir nach so einem Traum Gewissenserforschung halten, werden wir vieles in uns entdecken, was uns ohne den Traum verborgen geblieben wäre.

Vor verschlossenen Türen

Ähnlich ist das Traummotiv, dass wir vor verschlossenen Türen stehen oder den Schlüssel für die Tür nicht finden. Oder aber unser Schlüssel passt nicht für die Tür. Das sind Mahnbilder: Du lebst zu sehr außerhalb deines Herzens, deiner Seele. Du hast den Schlüssel zu deiner Seele verloren. Du bist nicht mehr in Kontakt zu deiner Seele. Mach also die Augen auf und lebe aus deinem Herzen und aus deiner Seele – und nicht mehr von der Meinung der Menschen. Jesus kennt diese Traumsprache, wenn er die Menschen mahnt: »Wenn der Herr des Hauses aufsteht und die Tür verschließt, dann steht ihr draußen, klopft an die Tür und ruft: Herr, mach uns auf! Er aber wird euch antworten: Ich weiß nicht, woher ihr seid« (Lk 13,25). Jesus deckt uns in einer bildhaften Sprache, die der Sprache der Träume gleicht, unseren inneren Zustand auf, um uns zu mahnen, umzukehren, aufzuwachen aus der Illusion und bewusst zu leben.

Wegträume

Der Weg ist ein wichtiges Gleichnis für unser Leben. Und so sehen wir uns im Traum häufig auf dem Weg. Wir gehen unbekannte Wege oder anfangs bekannte Wege, die auf einmal aufhören. Wir irren dann verzweifelt umher und suchen ein bestimmtes Ziel, eine Stadt, ein Haus. Oder wir bleiben wie angewurzelt stehen und können keinen Schritt mehr machen. Wir meinen, wir würden uns doch in der Stadt auskennen. Doch dann geht der Weg auf einmal durch ein Haus. Und danach geht er nicht mehr weiter. Oder wir verirren uns in der Stadt. All das sagt etwas über uns aus: Wir haben die Orientierung verloren. Wir irren einfach umher, ohne genau zu schauen, wo wir gerade stehen.

Ich habe einmal geträumt, dass ich mit meinem Bruder mit dem Fahrrad in eine Stadt fahren soll, die etwa 100 km entfernt ist, und dass wir abends dort ankommen wollen. Doch wir irren in einem Dorf umher. Wir finden vor lauter kleinen Dörfern keinen Wegweiser in die Stadt, in die wir gerne möchten. Wir kommen nicht weiter. Wir entfernen uns immer mehr von der Stadt. Und wir wissen nicht, in welche Richtung wir jetzt fahren sollen. Dieser Traum war für mich eine wichtiger Impuls, innezuhalten und mir klar darüber zu werden, wohin mein Weg eigentlich führen soll. Der Traum zeigte mir, dass ich vor lauter Herumfahren die Richtung verloren habe. So ein Traum ist immer eine Einladung zu einer Gewissenserforschung. Wir sollten Gott fragen, was er uns in den Bildern dieses Traumes über unseren Ist-Zustand sagen will und welche Schritte wir unternehmen sollen.

Der Weg im Traum führt manchmal in die Enge. Wir müssen da hindurch, wie bei der Geburt. Ein neues, intensiveres Leben erwartet uns jenseits der Enge. Oft stehen wir vor einer Wegkreuzung. Wir wissen nicht, in welche Richtung wir gehen sollen. Manchmal zeigen uns Wegweiser mit seltsamen Namen den Weg. Sie erinnern uns an seelische Inhalte, die es nun bewusst zu machen gilt. Manchmal taucht dann ein wegekundiges Tier auf, das den Instinkt in uns bezeichnet. Oder es ist ein kleines Kind oder gar ein Engel, der uns sicher führt. Nach solchen Träumen haben wir allen Grund, Gott zu danken, dass er uns den Weg leitet und uns sagt, worauf wir hören sollen.

Prüfungsträume

Häufig kommen auch Prüfungsträume vor, und keineswegs nur in Zeiten schulischer und beruflicher Prüfungen. Wenn wir heute von Prüfungen träumen – auch wenn keine konkreten Prüfungen anstehen –, ist es immer ein Bild dafür, dass wir jetzt auf unserem Lebensweg vor einer inneren Prüfung stehen. Und da sollten wir uns fragen, was geprüft wird. Wenn eine Sprache geprüft wird, kann ich mich fragen: Was bedeutet Russisch oder Französisch oder Italienisch oder Englisch für mich? Welche Qualität verbinde ich mit diesen Sprachen? Steht Russisch für das Religiöse, Italienisch für die Leichtigkeit des Seins und Französisch für die Erotik? Wenn ich im Traum vor einer Mathematikprüfung stehe, dann sagt mir der Traum möglicherweise, dass jetzt klares Denken nötig wäre, damit mein Leben gelingt.

Manchmal wissen wir gar nicht, was der Stoff der Prüfung ist. Wir brüten einfach über einer Aufgabe und haben den Eindruck, dass wir nicht fertig werden. Der Traum drückt unsere Angst aus, dass wir die Aufgaben, die uns zugewiesen werden, und das Pensum, das uns aufgetragen ist, nicht schaffen, dass wir die Erledigung eines größeren Konfliktes in angemessener Zeit nicht abschließen können und die Prüfungen des Daseins nicht bestehen. Im Traume werden wir zu einer Antwort aufgerufen. Aber die Frage ist eine Lebensfrage, die uns Gott selber stellt. Und auch bei solchen Prüfungsträumen ist die angemessene Reaktion, dass wir sie Gott hinhalten und Gott fragen, was er uns heute für eine Aufgabe stellt, was wir heute zu lernen haben, um unser Leben zu bewältigen.

Zahlenträume

Häufig spielt im Traum eine bestimmte Zahl eine Rolle. Wir wissen genau, dass fünf Männer mit uns gehen oder dass es 15.30 Uhr ist oder dass es neun Kilometer bis zum nächsten Ort sind. Die Zahlen haben oft eine symbolische Bedeutung. Die Eins steht für das Einswerden und die Einheit. Zwei bedeutet die Polarität: Mann und Frau, bewusst und unbewusst, links und rechts. Die Drei bezeichnet die drei Bereiche im Menschen: Leib, Seele und Geist oder Bauch, Herz und Kopf oder, wie Augustinus es ausdrückt: Verstand, Wille und *memoria* (»Gedächtnis«). Viele Philosophien teilen den Menschen in drei Bereiche ein. Die Vier steht für das Irdische, für die vier Elemente. Die Fünf ist die Zahl des Menschen: Das Irdische hat eine Mitte. Und die Fünf ist auch der Überschritt ins Göttliche. Und wir sprechen von der Quintessenz, der *quinta essentia* (der »fünften Wesenheit«), also von dem, was alles zusammenbindet und vereint. Die Fünf ist in China die wichtigste Zahl, da die Chinesen von fünf Elementen sprechen, die alle miteinander zusammenhängen. Und sie kennen die fünfte Himmelsrichtung, die in die Tiefe der Erde hineinführt. Und da fünf Klassiker die Hauptwerke des Konfuzianismus geschrieben haben, steht die fünf für die Weisheit des Menschen.

Zahlen haben also in den jeweiligen Kulturen unterschiedliche Bedeutungen. Die Sechs steht für das Alltägliche, für die sechs Tage Arbeit. Die Sieben bedeutet Verwandlung, die Durchdringung des Irdischen durch das Göttliche. Die Acht ist die Zahl der Transzendenz und der

Unendlichkeit. Der achte Tag ist der Tag der Auferstehung. Der Buddhismus kennt den achtfachen Pfad zum Glück, Christen kennen die acht Seligpreisungen, die den Pfad Jesu zum gelingenden Leben beschreiben. Die Neun – drei mal drei – steht für die neun Bereiche im Menschen, so wie sie das Enneagramm beschreibt. Die Zehn steht für Ganzheit, die Zwölf für die Gemeinschaft und für die Beziehungsfähigkeit. Die Vierzehn ist die helfende und heilende Zahl, die in den vierzehn Nothelfern oder den vierzehn Kreuzwegstationen zum Ausdruck kommt.

Ich möchte das Beispiel eines Prüfungstraumes, der mit Zahlen verbunden ist, anführen. Eine Frau hatte in der Realität den Eindruck, dass sie soviel an sich gearbeitet habe, sowohl spirituell als auch psychologisch. Aber es hat alles nichts geholfen. Sie hat den Eindruck, dass sie ihr Leben nicht schafft. In dieser Situation hat sie einen Traum, der ihr subjektives Gefühl zu bestätigen scheint. Aber die Zahlen geben dem Traum eine andere Richtung: Die Frau träumt, dass sie Prüfung hat. Sie weiß aber nicht, in welchem Fach sie geprüft wird. Sie bekommt die Prüfungsnummer 803. Dann schreibt sie die Prüfung. Der Traum endet damit, dass der Professor ihr ihre Prüfungsarbeit zurückgibt mit den Worten: »Sie haben nicht bestanden. Sie haben nur sieben Punkte.« Der Professor steht für ihren inneren Richter, der ihr sagt, dass sie das Leben nicht meistert. Doch die Zahlen sagen etwas anderes. Die Zahl 803 weist einmal darauf hin, dass sie offen ist für Gott (die acht) und dass sie dabei ist, alle drei Bereiche in sich einer Prüfung zu unterziehen. Der Professor sagt ihr, dass sie die Prüfung nicht bestanden hat, weil sie nur sieben Punkte hat. Doch etwas Besseres kann ihr nicht passieren, als sieben Punkte zu haben. Sieben steht für die Verwandlung. Wir kennen sieben Sakramente und sieben Gaben des Heiligen Geistes. Die sieben Punkte genügen ihr. Sie verwandeln ihre Schwächen, indem der Heilige Geist in sie eindringt. Die Zahlen verwandeln auch den Traum, der zunächst Resignation zu bedeuten scheint, in einen Hoffnungstraum.

Wortträume

Manchmal hören wir im Traum ein Wort. Wir wissen oft nicht, woher das Wort kommt. Aber solche Träume sind immer wichtige Träume. Manchmal sind die Worte, die wir da hören, wie ein Schlüssel. Allerdings können wir uns manchmal beim Aufwachen nicht mehr an das Wort erinnern. Wir wissen nur noch, dass wir ein wichtiges Wort gehört haben. Dann wäre es gut, einfach zu vertrauen, dass Gott unserer Seele eine wichtige Botschaft gegeben hat. Vielleicht fällt uns das Wort dann irgendwann noch einmal ein. Wenn nicht, so ist es zumindest ein Wort, das unser Unbewusstes prägt. Und wir dürfen glauben, dass dieses Wort uns auf unserem Weg weiter leitet.

Eine Frau, die während ihrer Kur trotz aller Selbstverteidigungskurse, die sie gemacht hatte, von einem Mann vergewaltigt worden war, erzählte mir einen Traum, der für sie den Beginn einer Heilung bedeutete. Sie war zu Einzelexerzitien bei mir. Die ersten Tage waren der Klage gewidmet, nicht nur über die Vergewaltigung, sondern auch über den sexuellen Missbrauch in der Kindheit, der ihr durch die Vergewaltigung wieder bewusst geworden ist. Sie hatte die Angst, dass die Natur, in der sie so gerne war, in der sie aber die Vergewaltigung erfahren hatte, ihr keinen Schutzraum mehr bieten konnte. Sie war verzweifelt. Doch dann träumte sie, dass ein kleines Kind da saß und ein Kinderlied sang. Dieses Lied war sozusagen »das Wort« für sie: Von außen stürmten negative Gestalten auf das Kind ein. Aber es hatte keine Angst. Es sang davon, dass es den Riesen auf der Nase herumtanzen würde. Dieser Traum war der Beginn der Heilung. Sie hatte wieder Vertrauen. Wenn sie sich dieses Kinderlied immer wieder innerlich vorsang, dann hatten die Riesen, dann hatten feindliche Männer keine Macht mehr über sie.

Träume vom Fliegen

Manche Menschen können im Traum fliegen. Das Fliegen kann verschieden gedeutet werden. Wie alle Traumsymbole ist auch das Fliegen ambivalent. Es kann bedeuten, dass man vor den Problemen des Tages flieht. Doch meistens hat es eine positive Bedeutung. Es meint, dass ich mich den Problemen des Alltags entziehen und die Situation von einer höheren Warte aus betrachten kann. Eine Frau, Mutter von vier Kindern, erzählte mir, dass sie manchmal Folgendes träumt: Sie fliegt an die Decke und schaut das Chaos in der Familie und die Konflikte zwischen den Kindern von oben herab an. Sie kann sich dem unmittelbaren Betroffensein entziehen und sieht aus dem

Abstand heraus objektiver, was da in der Familie los ist. Und sie kann dann eher eine Lösung der Probleme sehen.

Wenn wir sonst im Traum fliegen und durch schöne Landschaften schweben, dann kommen wir mit der Leichtigkeit unserer Seele in Berührung. Unsere Seele ist gleichsam beflügelt. Sie kann sich den alltäglichen Problemen entziehen, um sich auf sich selbst zurückzuziehen. Beim Fliegen können wir den Hindernissen, die sich in den Weg stellen, ganz leicht ausweichen. Wir fliegen einfach höher. Dann steht uns nichts mehr im Weg. Allerdings darf das Fliegen keine Flucht bedeuten, sondern nur ein Zufluchtnehmen zum inneren Raum der Seele, um sich von dort aus wieder den Konflikten des Alltags zu stellen. Wenn wir so einen Traum innerlich weiterträumen, so wäre es gut, an die Landung zu denken, wieder Boden unter den Füßen zu bekommen.

Farbträume

Viele Menschen träumen schwarz-weiß. Andere wissen nicht, ob sie farbig träumen oder schwarz-weiß. Doch manchmal nehmen wir im Traum bewusst die Farben wahr. Wir sehen etwa einen Regenbogen. Oder eine Kugel hat ganz klar eine rote oder grüne Farbe. Alles das kann von Bedeutung sein. Denn auch die Farben haben eine tiefere Symbolik: Grün steht für die Lebendigkeit und Frische, für die innere Erneuerung des Menschen. Und Grün gibt ein Gefühl der Ruhe. Ich liege auf der grünen Wiese und ruhe mich aus. Blau steht für den Himmel und für die

Transzendenz. Die Romantiker sprechen von der blauen Blume, die sie suchen. Sie führt sie über das Irdische hinaus und öffnet den Himmel über ihrem Leben. Braun steht für die Erde. Schwarz steht für Trauer, aber auch für das Dunkle in uns. Schwarz kann aber auch Feierlichkeit und Heiligkeit bedeuten. Rot steht für die Liebe, aber auch für das Feuer, für die Sexualität und Leidenschaft. Gelb ist die Farbe des Geistes. Ein grelles Gelb kann jedoch auf die Zerrissenheit des Geistes hinweisen. Und Gold ist die Farbe Gottes. Gott vergoldet unser Leben. Weiß steht für das Klare und Reine. Und Violett ist die Farbe der Verschmelzung, der Vereinigung von Männlichem und Weiblichem in uns.

Wir müssen die Farben nicht deuten. Es genügt, wenn wir die Farben einfach auf uns wirken lassen. Dann werden wir merken, dass der Traum eine ganz bestimmte Seelenfärbung hat. Die Farbe drückt unsere innere Stimmung aus. Solche Träumen laden uns ein, die Farben, die wir im Traum sehen, bewusster in uns eindringen zu lassen, damit sie uns in Berührung bringen mit der Qualität der Seele, die diese Farbe widerspiegelt.

Entscheidungsträume

Oft helfen uns Träume in Entscheidungen. Eine Frau hatte sich um eine Stelle als Bibliothekarin beworben und auch schon eine Zusage bekommen. Aber in der Nacht, bevor sie sich die Bibliothek ansehen wollte, träumte sie, dass es dort chaotische Zustände gebe. Daraufhin sagte sie die Stelle wieder ab. Sie hatte durch den Traum ein so klares Gefühl bekommen, dass sie für sich eine klare Entscheidung traf. Ich selber hätte ihr nicht geraten, allein aufgrund des Traumes die Stelle abzusagen. Denn mir leuchtet ein, was C. G. Jung sagt: Ich soll dem Traum nicht die Entscheidung überlassen. Der Traum ist eine wichtige Hilfe auf dem Weg, eine Entscheidung zu treffen. Aber die Entscheidung muss ich bewusst treffen, mit meinem Verstand und Willen.

Aber wir dürfen vor Entscheidungen Gott darum bitten, dass er uns einen Traum schickt, damit wir die Situation von einer anderen Warte aus anschauen.

Ein junger Mann kam einmal zu Exerzitien zu mir. Er wollte sich in den Exerzitien entscheiden, ob er seine Freundin, mit der er fünf Jahre zusammen war, heiraten oder sich von ihr trennen sollte. Die rein rationalen Gründe führten zu keiner Klarheit in der Entscheidung. Doch in den Exerzitien hatte er Träume, die ihn darin bestärkten, die Freundin zu heiraten. Aber zugleich stellten die Träume ihm auch eine Aufgabe. In einem Traum ging er mit seiner Braut zur kirchlichen Hochzeit. Auf einmal stritten sie mitten auf dem Weg. Er schrie seine Frau an: »Nein, ich heirate dich nicht!« Doch dann endete der Traum trotzdem in der Kirche vor dem Traualtar. Der Traum sagte ihm: Du musst erst Nein sagen können, bevor du wirklich Ja sagen kannst. Der junge Mann fühlte sich von seiner Umgebung gedrängt, die Frau zu heiraten, weil er schon so lange mit ihr zusammen war. Der Traum zeigte ihm: Ich bin frei, Ja oder Nein zu sagen. Erst wenn ich diese Freiheit spüre, kann ich mich wirklich für die

Frau entscheiden. Die Träume bewirkten bei diesem jungen Mann mehr als alle rationalen Überlegungen. Sie brachten ihn zu einer inneren Klarheit und ermutigten ihn, sich für die Frau zu entscheiden.

Nicht immer sind die Träume so klar, dass wir eine Entscheidung treffen können. Aber wir sollten die Träume in unsere Überlegungen mit einbeziehen. Im Traum kann uns Gott oft auf etwas hinweisen, was wir bei unserem Nachdenken übersehen haben. Aber die Entscheidung ist dann letztlich doch ein Willensakt, den wir nach dem Bedenken der rationalen Gesichtspunkte und nach dem Wahrnehmen der Traumbilder bewusst treffen müssen.

Wasserträume

Wasser steht im Traum für das Unbewusste und für das Weibliche. Aber es kommt immer darauf an, wie ich vom Wasser träume. Ein Mann träumte von seinem Keller, in dem Wasser aus einer klaren Quelle entsprang. Das war für ihn eine Zusage: In meinem Unbewussten gibt es eine erfrischende Quelle, aus der ich schöpfen kann. Ein anderer Mann träumte, dass er in einem trüben Teich schwamm. Aber je länger er schwamm, desto klarer wurde das Wasser. Der Traum zeigt, dass sein Unbewusstes sehr getrübt war. Doch der Träumer hat den Mut, sich dem Unbewussten zu stellen. Er schwimmt darin. Und je länger er sich mit dem Unbewussten beschäftigt, desto klarer wird es.

Manchmal träumen wir von Überschwemmungen. Wir gehen einen Weg. Doch auf einmal endet der Weg im Wasser. Wir erkennen, dass wir nicht weitergehen können. Wir gehen zurück. Doch inzwischen steigt das Wasser überall an, und wir haben Schwierigkeiten, noch einen Weg ins Trockene zu finden. So ein Traum will uns sagen, dass uns das Unbewusste überschwemmt. Es gibt anscheinend in unserem Unbewussten so viel, was wir noch nicht angeschaut haben. Der Traum mahnt uns, uns mit dem Unbewussten zu beschäftigen, damit es uns nicht überschwemmt.

Es gibt Träume von Flüssen, die uns mitreißen, oder auch von einem See, in dem wir ruhig schwimmen. Und es gibt Träume vom Meer. Manchmal sind wir fasziniert von der Macht des Meeres. Dann aber gibt es auch Träume, in denen uns das Meer Angst macht. Und dann sollten wir uns fragen, was uns im Unbewussten Angst macht. Und das Meer zeigt uns, dass unser Lebensweg nicht abgesichert ist, sondern dass unser Weg durch stürmisches Meer geht.

Träume in Übergangsphasen

Schon C. G. Jung hat festgestellt, dass Menschen vor allen in Übergangssituationen wichtige Träume haben, die ihnen helfen sollen, den Übergang von einer Phase in die andere zu schaffen. Ingrid Riedel, die aus der Jung'schen Psychologie schöpft, hat ein eigenes Buch über Träume als Wegweiser in neue Lebensphasen geschrieben. Sie hat in ihrer therapeutischen Praxis beobachtet, dass solche Träume in den verschiedenen Lebensphasen dazu da sind, um Mut zu machen, neue Schritte ins Leben zu wagen. Typisch sind etwa in der Pubertät die Fallträume oder Verwandlungsträume. So erzählt Ingrid Riedel vom Traum eines 18-jährigen Mädchens. Das Mädchen träumt, dass eine Verwandte ein kleines Mädchen in einem Kessel mit siedendem Wasser kocht. Sie erkennt in dem Traum, dass letztlich sie selbst das Mädchen ist, das in diesem Bad zur erwachsenen Frau verwandelt werden soll (vgl. Riedel 56f).

Ich möchte als Beispiel für die Übergangssituation in der Lebensmitte, die Ingrid Riedel beobachtet, den Traum eines 52-jährigen Künstlers anführen, der im Traum den Auftrag erhält, eine schöne Stadt in der Wüste vor dem Sand zu schützen, der sie zudecken könnte. »Die schön angelegte Stadt mag für sein eigenes, kultiviertes Stück Leben stehen, das er, Künstler von Beruf, sich tatsächlich aufgebaut und ausgebaut hat. Er spürt in diesem Traum, dass es ihm etwas wert ist und er es bewahren möchte vor den Naturgewalten, letztlich vor der Vergänglichkeit menschlichen Lebens« (Riedel 126). Den Traum träumte er in einer Phase, in der er entmutigt war und ihm sein Werk angesichts der Vergänglichkeit aller Dinge entwertet vorkam. »Der Traum fordert ihn heraus und zeigt ihm auch seine Ressourcen und Einfälle: das schöpferisch Jugendliche in ihm, das er dem Verschüttetwerden entgegensetzen kann« (Riedel 127). Riedel beschreibt die Lebensphase der Überschreitung der Fünfziger mit den Worten von Romano Guardini als die des »ernüchterten Menschen«. Seine Aufgabe ist es, »das im Leben Gestaltete zu bewahren und vor der Vergänglichkeit zu schützen, auch wenn sie es eines Tages einholen wird« (Riedel 127).

Tod und Begrabenwerden

Sehr häufig träumen wir vom Tod. Wir träumen davon, dass wir selber sterben oder ein Mensch, mit dem wir uns verbunden fühlen. Und wir träumen von Verstorbenen. Ich möchte einige dieser Träume anschauen. Viele erschrecken, wenn sie träumen, dass sie selber sterben. Doch dieser Traum deutet nicht auf den nahen Tod hin. Vielmehr meint er: Deine alte Identität ist gestorben oder soll sterben. Der Traum ist immer beides: die Zusage, dass der Träumer dabei ist, seine alte Identität loszulassen – und zugleich die Aufforderung, das Alte sterben zu lassen und eine neue Identität zu finden.

Andere träumen, dass ein ihnen bekannter Mensch stirbt. Sie haben dann Angst, dass dieser Mensch wirklich stirbt. Doch normalerweise bedeutet dieser Traum etwas anderes. Auf der Objektstufe gedeutet meint er, dass die Beziehung zu diesem Menschen tot ist. Der Traum zeigt den Zustand meiner Beziehung zu diesem Menschen. Ob ich dann die Beziehung wieder auffrische oder aber tot sein lasse, das liegt dann in meiner bewussten Entscheidung. Darüber sagt der Traum selber nichts aus. Manchmal träumen wir, dass der Vater oder die Mutter stirbt. Das ist meistens ein Zeichen, dass Vater und Mutter uns nicht mehr bestimmen, sondern dass wir frei sind von ihnen. Es sind also durchaus positive Träume. Sie haben nichts zu tun mit dem nahen Tod der Eltern, sondern mit ihrem psychischen Tod, der uns zum selbständigen Erwachsenwerden aufruft.

Es gibt auch Friedhofsträume. Da ist ein leeres Grab, in dem jemand beerdigt werden soll. Wir wissen im Traum aber nicht, wer dort begraben wird. Das Bild des Begrabens im Traum weist darauf hin, dass wir etwas »begraben« sollen – alte Konflikte zum Beispiel, alte Verletzungen oder alte Lebensmuster. Wir sollen sie begraben, um neu aufzustehen in eine größere Echtheit und Lebendigkeit hinein. Was wir begraben sollen, das kann uns ein Gespräch mit dem Traum zeigen oder ein genaues Hinschauen auf die Symbole, die in solchen Träumen auftauchen. Wichtig ist immer auch, was uns selbst zum Begraben einfällt. Meistens haben wir ein Gespür für das, was gemeint ist. Der Traum gibt uns nur den Anstoß, es auch wirklich zu tun.

Dann gibt es Träume, in denen uns die Verstorbenen erscheinen. In den ersten Wochen nach dem Tod eines lieben Menschen sind solche Träume oft eine Hilfe, die Trauer zu verarbeiten. Eine junge Frau hat ihre Freundin bei einem Motorradunfall verloren. In den ersten Tagen nach dem Unfall träumte sie, dass sie der Freundin Vorwürfe machte, warum sie nicht aufgepasst hatte. Doch nach drei Wochen wurden die Träume anders. Die Verstorbene erschien ihr in einem hellen Gewand und sagte ihr: »Es geht mir gut.« Dieser Traum stärkte die Trauernde. Er gab ihr das Vertrauen, dass die verstorbene Freundin bei Gott ist, dass sie im Frieden ist. Und die Träume zeigten auch, dass die Träumerin ihre verstorbene Freundin loslassen konnte.

Und schließlich gibt es Träume von längst Verstorbenen. Da erscheint der verstorbene Vater oder die verstorbene Mutter im Traum. Manchmal sind die Verstorbenen einfach nur da. Wir wissen, dass sie gestorben sind, aber sie sind wie immer dabei. Sie lächeln einfach und sagen nichts. Diese Träume können zwei Bedeutungen haben: Einmal sagen mir die verstorbenen Eltern, dass sie mein Leben gutheißen, dass sie einverstanden sind mit dem, was ich gerade tue und lebe. Zum anderen können mir diese Träume bedeuten, dass ich jetzt, in meiner gegenwärtigen Situation, die Qualität bräuchte, die mein Vater oder meine Mutter verkörpern.

Manchmal hören wir vom Verstorbenen auch ein Wort. Das sind dann besonders kostbare Träume. Die Worte sind gleichsam wie ein Vermächtnis des Verstorbenen an uns. Als wir im Konvent ein schwieriges Bauprojekt durchführen wollten, gab es großen Widerstand. Ich wollte schon aufgeben. Da träumte ich von unserem verstorbenen Novizenmeister, der mich ermutigte: »Hab nur Vertrauen. Es wird schon gehen.« Dieses Wort gab mir Mut, das Projekt weiterzuführen. Eine Frau erzählte mir, dass ihr verstorbener Sohn ihr gesagt hat: »Pass auf meine Schwester auf. Die braucht dich.« Dieses Wort war für die Frau eine Mahnung, nicht in ihrer Trauer zu verharren, sondern sich ihrer Tochter zuzuwenden.

Manchmal sind die Worte der Verstorbenen Trostworte oder Worte der Ermutigung und Stärkung. Wir sollen immer dankbar sein, wenn wir ein Wort eines Verstorbenen hören. Manchmal ist es auch ein Tun der verstorbenen Eltern, das uns berührt. So habe ich einmal geträumt, dass ich mit P. Daniel und einigen Schülern daheim in meinem Elternhaus bin. Meine Mutter umarmt P. Daniel ganz herzlich. Da sagt P. Daniel im Traum: »Jetzt weiß ich, woher P. Anselm sein großes Herz hat.« Als ich im Traum mit meiner Mutter über P. Daniel sprechen möchte, reagiert sie gar nicht, und ich merke plötzlich, dass sie ja eigentlich schon lange tot ist. Dieser Traum erfüllte mich mit Dankbarkeit. Ich spürte, was ich meiner Mutter verdanke: Weite, Freiheit und Herzlichkeit.

Manchmal berichten mir Leute voller Angst, sie hätten geträumt, dass es dem verstorbenen Vater oder der verstorbenen Mutter schlecht gehe. Sie seien im Traum krank gewesen oder hätten einen zerrissenen Mantel angehabt. Sie meinen dann, das würde bedeuten, dass sie noch im Fegfeuer sind oder ihre Seelen noch herumwandern. Doch solche Träume sagen nichts über das Schicksal der Toten aus, sondern über unsere Beziehung zu ihnen. Wir dürfen vertrauen, dass der Verstorbene bei Gott ist. Aber unsere Beziehung zu ihm ist nicht in Ordnung. Da ist etwas krank. Wir müssten unsere Beziehung zu ihnen anschauen und klären. Dann hören solche Träume auf.

Träume, die die Zukunft voraussehen

Ein Mitbruder, der Biologielehrer war, erzählte mir, dass etwa drei Prozent der Menschen eine mediale Begabung haben. Diese Menschen würden z. B. spüren, wenn eine Wünschelrute ausschlägt. Die anderen nehmen dabei gar nichts wahr. Solche medial begabten Menschen träumen manchmal etwas, was die Zukunft betrifft. So erzählte mir eine Frau, sie habe vom Haus ihres Sohnes geträumt, in dem sie noch nie gewesen war. Ein Jahr später besuchte sie ihn in diesem neuen Haus. Und sie erkannte, dass es genauso aussah, wie sie es im Traum gesehen hatte. C. G. Jung spricht in solchen Fällen von prospektiven Träumen oder auch von telepathischen Träumen. Er erkennt die Tatsächlichkeit solcher telepathischer Träume an, auch wenn er keine wissenschaftliche Begründung dafür hat. Manchmal spricht er von der »einen Welt« – unus mundus –, an der wir im Traum teilhaben. Und in dieser einen Welt – unterhalb der bewussten Welt – ist alles eins. Jung meint, meistens seien solche telepathischen Träume von heftigen Emotionen begleitet, wenn wir etwa den Tod eines geliebten Menschen vorausträumen. Manchmal beziehen sie sich aber auch auf etwas Belangloses, »zum Beispiel das Gesicht eines unbekannten und ganz indifferenten Menschen, oder eine gewisse Zusammenstellung von Möbeln an einem indifferenten Ort unter indifferenten Bedingungen« (Jung, GW 8, 299).

Manche Menschen erzählen mir, dass sie den Tod eines Menschen im Traum vorhergesehen haben. Wenn sie dann von Neuem vom Tod eines Menschen träumen, bekommen sie es oft mit der Angst zu tun. Und sie wissen nicht, wie sie sich verhalten sollen: ob sie den Menschen, von dem sie träumen, informieren sollen oder nicht. Eine Frau träumte etwa, dass ihre Schwester im Gebirge abstürzt. Sie wusste, dass sie mit ihrem Mann zum Wandern ins Gebirge ging. Sie rief die Schwester an und bat sie, vorsichtig zu sein. Doch an einer eigentlich ungefährlichen

Stelle ist die Schwester dann tatsächlich ausgerutscht und tödlich abgestürzt. Wer eine solche mediale Begabung hat, soll für den betreffenden Menschen beten. Er soll alles Gott überlassen. Er hat keine Garantie, ob der Traum eintrifft oder nicht. Den Menschen Angst zu machen, indem ich ihnen meinen Traum erzähle, hilft nicht weiter. Wir können nur beten, dass Gott seine schützende Hand über diese Menschen hält.

Numinose oder spirituelle Träume

All die Träume, die ich bisher beschrieben habe, könnte man natürlich auch auf rein psychologischer Ebene deuten. Doch für mich sind sie auch eine Botschaft Gottes. Sie sagen mir, dass ich alles, was in mir ist, in die Beziehung zu Gott halten kann, damit alles in mir verwandelt werden kann.

Darüber hinaus gibt es aber rein religiöse Träume, die meinen Glauben stärken wollen. C. G. Jung nennt sie numinose Träume. Wir sitzen da etwa in einer Kirche oder tun dort irgendetwas. Oder wir sind Zeugen heiliger Handlungen. Oder wir begegnen in einer Kirche Dingen, die da gar nicht hineingehören. So liegt vielleicht Kot auf dem Altar. Das muss nicht bedeuten, dass das Heiligste in uns besudelt ist, sondern es kann ein Zeichen sein, dass alles in uns verwandelt wird, auch das Dunkle und scheinbar Schmutzige in uns. Alles, was wir in der Kirche sehen, gehört da auch hinein. Vielleicht haben wir es noch zu wenig in unseren Glauben einbezogen. Vielleicht leben wir noch zu sehr im Zwiespalt zwischen den religiösen und den vitalen Kräften, zwischen der religiösen Sehnsucht und unseren Trieben. Kirchenträume zeigen uns entweder an, was sich in unserer Seele tut, oder aber, was unsere Aufgabe ist und was wir bisher übersehen haben. Wenn in meiner Traum-Kirche immer umgebaut wird, ist das ein Zeichen für meine Glaubenssituation. Auch für Kirchenträume gibt es keine fertigen Deutungsrezepte. Wir müssen uns und unsere momentane Situation im Spiegel des Traumes zu deuten versuchen. Das gelingt nur, wenn wir Traum und Wirklichkeit in einen Dialog bringen. Der Traum deutet uns dann die Wirklichkeit unseres Lebens, und umgekehrt lässt uns der Blick in unsere konkrete Lage die Botschaft des Traumes entziffern.

Ich träume zum Beispiel oft, dass ich eine hl. Messe halte. Und oft ist es anders, als ich geplant habe. Einmal träumte ich, dass ich mit dem Abt zusammen Eucharistie feiere. Und dabei machen wir jetzt eigene Rituale. Bei der Gabenbereitung halten wir zum Beispiel die Uhr über die Gaben, damit die hektische Zeit verwandelt wird, und der Abt nennt mich einen Verwandlungskünstler. Solche Träume von Gottesdiensten müssen noch keine numinosen Träume sein. Aber sie bringen religiöse und spirituelle Themen zum Ausdruck. Sie zeigen in Bildern und Symbolen etwas von der Spiritualität, das sonst im bewussten Leben verborgen bleibt.

Manchmal ist uns im Traum klar, dass Jesus neben uns geht. Oder Maria erscheint uns. Eine Frau, die keine besondere Marienverehrerin war, sondern Maria eher skeptisch gegenüberstand, erzählte mir, sie habe in ihrem

Schlafzimmer auf einmal Maria neben sich gesehen. Für sie war es kein Traum, sondern Wirklichkeit. Aber trotzdem ist dieses Schauen wie ein Traum zu deuten. Maria wies sie auf ihre eigene weibliche Seite hin und zugleich auf ihre spirituelle Seite. Maria, die Gott in sich trägt, verweist sie durch diesen Traum auf die mystische Dimension ihres Lebens: Auch in ihr wohnt Gott und will Gottes Wort Fleisch werden. Andere numinose Träume sind durch intensive Lichterfahrungen geprägt. Wir sehen ein Licht und wissen, dass Gott uns mit seiner lichtvollen Gegenwart umgibt. Solche Träume sind hilfreiche Träume. Wir sollten uns im Alltag immer wieder daran erinnern und sie meditieren. Dann werden sie ihre heilende Wirkung an uns entfalten.

Ein Priester, der an Depressionen litt, erzählte mir, dass er im Traum ein helles Licht gesehen hat, das ihn umgab. Der Traum war für ihn nicht nur ein Heilmittel gegen seine Depression. Er stärkte vielmehr auch seinen Glauben. Diesen Traum muss man gar nicht deuten. Das Licht steht einfach für Gottes heilende Gegenwart. Diesen Traum sollte ich einfach meditieren, das Bild des Lichtes anschauen, damit es immer tiefer in alle dunklen Bereiche meiner Seele eindringt und aus mir alle Zweifel an Gottes Gegenwart vertreibt.

Numinose Träume können auch Träume mit religiösen Symbolen sein. Im Traum sehen wir eine leuchtende Kugel oder ein strahlendes Kreuz. In diesen Symbolen zeigt sich uns Gottes heilende Nähe, die alles in uns abrundet oder – im Bild des Kreuzes – alle Gegensätze in uns miteinander verbindet. Manchmal hören wir im

Traum auch ein Wort. Es kann ein Wort der Deutung sein oder auch ein Befehl. Wir wissen nicht, woher das Wort kommt und wer es sagt. Es scheint einfach vom Himmel her zu erschallen. Solche Worte sind immer heilige Worte. Manchmal wissen wir nach dem Aufwachen nicht mehr genau, was wir gehört haben. Dann genügt es, zu meditieren, dass Gott mich angesprochen hat und dass er mir etwas sagen möchte.

6. Regeln für den geistlichen Umgang mit Träumen

Der spirituelle Weg und das Unbewusste

Wenn man die Regeln mancher Traumbücher befolgte, bräuchte man täglich eine Stunde Zeit, um sich mit seinen Träumen zu beschäftigen. Das halte ich für übertrieben. Man sollte auch keinen Kult mit seinen Träumen treiben. Der Traum ist ein Ort der Gottesbegegnung unter vielen anderen. Und wir sollten unsere Träume genauso wie unsere Gedanken und Gefühle und unseren Leib beachten. Wenn wir der Traumwelt mehr Beachtung schenken als unserem realen Tun und Denken, kann das auch eine Flucht vor der Wirklichkeit und somit auch vor Gott sein. Jung warnt vor der »Gefahr für den, er sich mit viel Traumanalyse beschäftigt, dass er das Unbewusste in seiner Bedeutung für das reale Leben überschätzt« (Jung, GW 8, 291). Es geht also immer darum, beides genügend zu sehen: das bewusste Leben zu beobachten und zu verstehen und zugleich das Unbewusste der Träume als Ergänzung zur bewussten Sicht wahrzunehmen.

Mich interessiert vor allem die Beschäftigung mit den Träumen innerhalb des geistlichen Weges. Mein Interesse an den Träumen entspringt nicht psychologischer Neugier, sondern dem geistlichen Verlangen, alle Bereiche meines Lebens für Gott zu öffnen. Das bedeutet keine unangemessene Psychologisierung des geistlichen Lebens, sondern eine Weiterführung des spirituellen Weges bis in das Unbewusste hinein. Auch hier gibt es Übertreibungen. Eine Ordensschwester meinte, sie könne morgens nicht in das gemeinsame Stundengebet gehen, weil sie zuerst ihre Träume analysieren müsse. Das klingt für mich nach narzisstischem Kreisen um sich selbst. Ich hatte den Eindruck, dieser Schwester täte es gut, wenn sie sich den Psalmen stellen würde, die sie aus dem Kreisen um sich selbst herausführen würden. Man kann seine Träume auch zur Ideologie erheben und merkt dann gar nicht mehr, dass man in seine Traumwelt flieht, statt sich dem Leben zu stellen. Man macht sich dann nur besonders interessant, um den normalen Anforderungen des Lebens ausweichen zu können.

Manche meinen, die Beschäftigung mit den Träumen ohne ausreichendes psychologisches Wissen und ohne therapeutische Begleitung sei gefährlich. Die Hilfe eines Traumkundigen tut sicher gut. Doch wir brauchen nicht zu ängstlich zu sein, dass wir ständig Missdeutungen unserer Träume erliegen würden. Jeder hat von sich aus ein Gespür dafür, was die Träume bedeuten könnten. Wenn er einen Sinn für die Bilder hat, dann kann er sich auch in die Traumbilder hineinfühlen und erkennen, was sie ihm bedeuten. In den Träumen stößt er ja auf Bilder, wie sie ähnlich in der Bibel, in Mythen und Märchen, aber auch in der Bildsprache volkstümlicher Vorstellungen auftauchen.

Morton Kelsey, der bereits erwähnte amerikanische Geistliche und Psychologe, der sich seit Jahren aus geistlichem Interesse heraus mit seinen Träumen beschäftigt hat, schreibt über seine Erfahrung: »Seit 20 Jahren beschäftige ich mich mit den Träumen anderer Menschen und seit 25 Jahren mit meinen eigenen Träumen. Ich habe niemals erlebt, dass ein Traum jemand in die Irre geführt hätte, solange er den Traum nicht wörtlich nahm, sondern ihn symbolisch betrachtete. Außerdem entdeckte ich, dass der Traum uns aufzeigen möchte, wie wir zur Ganzheit gelangen könnten … Die Arbeit mit Träumen vermittelt oft ein befriedigendes Gefühl. Wir haben jedoch keine Gelegenheit, uns auf unseren Lorbeeren auszuruhen, denn sobald wir das Gefühl haben, alles sei nun gelöst und in Ordnung, wird Gott uns neue Bereiche zeigen, an denen wir arbeiten müssen. Obwohl ich mich schon lange mit meinen Träumen befasse, entdecke ich jedes Jahr etwas Neues, was ich beachten muss, um mehr in das Bild hineinzuwachsen, das Gott von mir hat« (Kelsey 81).

Darum geht es also im geistlichen Umgang mit den Träumen: dass wir immer mehr in das Bild hineinwachsen, das sich Gott von uns gemacht hat, dass wir mit unseren bewussten und unbewussten Kräften mit Gott eins werden und immer mehr von seinem Geist verwandelt werden. Das Unbewusste ist nicht die Domäne der Psychologie, sondern auch ein Bereich, in dem Gott wirkt und in dem wir ihn manchmal leichter vernehmen können als in unserer bewussten Welt, die von uns selbst beherrscht wird. »Die innere Welt, die Welt des Traumes, scheint für Gottes Wirken zugänglicher zu sein als die äußere Welt«, meint Kelsey (ebda.).

Viele können sich an ihre Träume nicht erinnern. Auch

der Wille, sich mit den Träumen zu beschäftigen, hilft ihnen nicht weiter. Sie meinen, sie würden einfach nicht träumen. Doch es ist nicht nur wissenschaftlich nachgewiesen, dass jeder träumt, sondern auch, dass Menschen, die man konsequent am Träumen hindert, psychisch und physisch krank werden. Dass sich viele nicht an ihre Träume erinnern, deuten manche Psychologen in dem Sinn, dass dieses Nichterinnern ein Verdrängen sei: Man will sich nicht an die Träume erinnern, weil man den unangenehmen Einsichten aus dem Weg gehen möchte. Doch ich bin mit einer solchen Vermutung vorsichtig: Vielleicht braucht einer momentan die Träume nicht, weil er schon bewusst genug lebt, weil er sich in Gebet und Schweigen schon ehrlich mit sich selbst auseinandersetzt. Vielleicht schützt ihn das Unbewusste auch vor dem Erinnern, weil ihn eine Auseinandersetzung mit den Träumen im Augenblick überfordern würde. Und es ist sicher auch ganz normal, dass wir uns in Zeiten großer Beanspruchung und Anstrengung meist nicht an Träume erinnern können. Es gibt Phasen intensiven Träumens und Phasen, wo wir uns kaum erinnern. Wir sollen dann auch nicht krampfhaft nach Träumen suchen. Wenn man ständig Träume produziert, kann das auch eine Verdrängung sein. Ann Faraday, eine englische Traumforscherin meint, für eine Psychotherapie könne man höchstens zwei oder drei Träume in der Woche heranziehen. Man kann sich auch mit Träumen ersticken. Und zu viele Träume sind oft ein Widerstand gegen die Therapie und eine »Methode, wichtigen Fragen auszuweichen«. Es genügt also, wenn wir uns eine Zeit lang darin üben, uns an die Träume zu erinnern, indem wir uns bewusst mit ihnen beschäftigen und sie aufschreiben. Dann dürfen wir auch darauf vertrauen, dass sich die wichtigen Träume schon zu Wort melden, wenn wir nur grundsätzlich dafür offen sind. Zudem sollten wir uns auch in dieser Hinsicht nicht mit anderen vergleichen. Es gibt einfach verschiedene Veranlagungen. Der eine ist von Natur aus sensibel für seine Träume. Er lebt mit ihnen und aus ihnen. Für den anderen sind sie eine fremde Welt. Auch wer lernt, seine Träume wahrzunehmen, muss sich nicht unter Druck setzen, um andere mit seinen Träumen zu übertreffen. Es geht immer um das rechte Maß. Mir ist vor allem wichtig, dass wir im Umgang mit den Träumen auf Bewertungen verzichten. Wer viel träumt, soll sich darauf nichts einbilden, sondern dankbar sein. Wer wenig träumt, soll sich nicht minderwertig fühlen. Wir können uns einüben, mehr auf die Träume zu achten. Aber wir können keine Träume erzwingen.

Bevor ich sieben Schritte beschreibe, die zeigen sollen, wie wir mit Träumen angemessen umgehen sollen, möchte ich an die drei christlichen Prinzipien erinnern, die nicht nur für die Traumdeutung, sondern für unser ganzes Leben gelten: Glaube, Hoffnung und Liebe. Wenn Gott dem Menschen diesen Traum schickt, dann möchte er damit letztlich eine frohe Botschaft vermitteln, auch wenn diese Botschaft manchmal schmerzlich sein kann. Wir sollten mit unserer Traumdeutung also dem anderen nie Angst machen, sondern ihm immer die Hoffnung schenken, dass Gott ihn begleitet und dass er alles zum Guten lenkt. Und es braucht die Liebe zu dem, der uns einen Traum erzählt. Liebe meint: Wohlwollen gegenüber dem Träumenden, Verzicht auf jedes Bewerten und Beurteilen. Es geht immer darum, den anderen bedingungslos zu akzeptieren und gut mit ihm umzugehen. Wenn wir versuchen, uns in den Traum des anderen hineinzuversetzen und ihn zu verstehen, so soll es immer in Liebe geschehen und in dem Vertrauen, dass der Träumende in seinem Traum etwas von der Liebe Gottes erfahren darf, der ihn behutsam an die Hand nimmt, um ihn zu einem noch wahrhaftigeren und reicheren Leben zu führen.

Sieben Schritte, um spirituell mit unseren Träumen umzugehen

Der *erste Schritt* bezieht sich auf das Beachten der Träume. Das beginnt damit, dass ich am Abend Gott um einen Traum bitte. Ich bitte Gott, dass er im Traum zu mir spricht, dass er mir zeigt, wie es um mich steht, und dass er mir den Weg in die Zukunft weist. Ich kann durch das Beten keinen Traum erzwingen. Aber ich bin dann selbst schon offener. Das Abendgebet hatte von jeher die Bedeutung, dass wir uns im Schlaf in Gottes Hände geben, damit er an uns wirke. Vom Abendgebet erwartet man sich gute Träume. So betet der kirchliche Komplethymnus, dass Gott uns vor Alpträumen bewahren möge. Ohne Gebet einzuschlafen und seinen Ärger mit in den Schlaf zu nehmen, das bewirkt nach der Meinung der Mönche Alpträume. Das Abendgebet ist daher ein Stück

Seelenhygiene, die Bereitung unserer Seele für die Träume, die Gott uns schicken möge.

Dann geht es darum, beim Aufwachen sofort nachzuspüren: Was war jetzt in mir? Ist da ein Traum, an den ich mich erinnern kann? Oder ist da nur ein Traumbild? Oder welches Gefühl ist beim Aufwachen in mir? Ist das Gefühl durch meine Träume bedingt? Die Traumforschung sagt: Was wir fünf Minuten nach dem Aufwachen vergessen haben, das ist vergessen. Es gibt zwar manchmal bestimmte Erlebnisse im Alltag, die in uns auf einmal die Erinnerung an einen Traum wachrufen. Beim Kochen fällt uns auf einmal ein Traum wieder ein. Aber normalerweise sollten wir uns unmittelbar nach dem Aufwachen fragen, was wir geträumt haben. Ich bin manchmal in der Nacht von einem Traum aufgewacht und dachte mir: Den muss ich morgen früh aufschreiben. Doch als ich dann am Morgen aufgewacht bin, konnte ich mich nicht mehr daran erinnern. Der Traum war einfach weg. Daher ist es gut, den Traum unmittelbar nach dem Aufwachen aufzuschreiben. Aber das sollten wir nur dann, wenn wir das Gefühl haben, der Traum sei wichtig für uns.

Der *zweite Schritt* ist, die Träume aufzuschreiben. Sinnvoll ist es, ein Traumtagebuch anlegen. Eine Zeit lang kann man es sich zur Übung machen, täglich seine Träume aufzuschreiben. Später kann man es dann dem eigenen Gespür überlassen, nur die Träume zu notieren, die einen wirklich berühren. Oder man kann gerade in den Exerzitien oder im Urlaub sich bewusster mit den Träumen befassen. Das Aufschreiben selbst ist bereits eine Interpretation des Traumes. Denn wir wissen oft nicht mehr ganz genau, wie der Traum war. Indem wir ihn aufschreiben, legen wir ihn auch fest. Daher sollten wir beim Schreiben den Traum noch nicht deuten, sondern möglichst einfach nur aufschreiben, was uns einfällt. Wenn wir dann nach einiger Zeit wieder in unserem Traumtagebuch lesen, werden wir erkennen, wie viel uns im Traum bewegt hat und wie sehr uns der Traum beschenkt hat. Und das Nachlesen zeigt uns, was sich in unserer Seele im Laufe der Jahre verwandelt hat und welche Themen uns in bestimmten Situationen bewegt haben.

Der *dritte Schritt*, mit dem Traum umzugehen, besteht für mich darin, ihn ins Gebet hineinzunehmen. Ich setze mich vor Gott hin und halte ihm den Traum hin. Im Gebet deute ich den Traum noch nicht. Ich halte Gott einfach die Traumbilder hin. Ich halte ihm mein chaotisches Traumzimmer hin, damit sein Geist in meiner Seele Ordnung schaffe. Ich halte Gott meine Verfolger hin und bitte Gott, dass er mich beschütze und dass er all das, was ich von mir selber abgespalten habe, in meine Seele hinein integriere. Ich bete gleichsam mit meinen Träumen, indem ich zunächst einfach meinen Traum Gott hinhalte, damit sein Licht in alle Bereiche strömt, die mir der Traum aufgedeckt hat. Der zweite Schritt des Gebetes wäre: Ich spreche mit Gott über meine Träume und bitte ihn, mir zu sagen, was er bedeutet, worauf der Traum mich aufmerksam machen möchte. Das Gespräch mit Gott über meine Träume zeigt, dass ich nicht mit unverbindlicher Neugier an den Traum herangehe, sondern voller Aufmerksamkeit ihm gegenüber. Ich bin bereit, mich auf ihn einzulassen, auf sein Wort zu hören, mich von ihm in Frage stellen, mich von ihm mahnen und warnen zu lassen. Und ich bin bereit, mir von ihm aufdecken zu lassen, was unter der Oberfläche eines nach außen vielleicht erfolgreichen Lebens rumort und gärt und was gar nicht so ansehnlich bei mir ist. Und zugleich verpflichte ich mich im Gebet, das zu tun, was Gott von mir verlangt, und gehorsam auf das zu reagieren, was er mir im Traum aufgedeckt hat. Gottes Willen für mich kann ich nur im Gespräch mit ihm erkennen. Dieses Gespräch sollte nicht nur die bewussten Erfahrungen bedenken, sondern auch die Träume, die das Unbewusste bloßlegen und mich oft in den eigenen Grund führen, in dem ich Gott berühre.

Gebet ist Begegnung mit Gott. Begegnung mit Gott heißt immer auch Selbstbegegnung. Indem ich Gott meine Träume hinhalte, begegne ich ihm mit meiner innersten Wahrheit, gerade auch mit einer Wahrheit, die ich sonst oft genug verdränge, weil sie mir nicht so angenehm ist. Und indem ich ihm all meine Traumbilder hinhalte, ohne dass ich sie schon deute, kann Verwandlung geschehen. Ich stelle mir vor, dass sein Geist in all das einströmt, was ich ihm hinhalte, gerade auch in das Unbewusste, das im Traum hochkommt und das ich oft gar nicht verstehe. Der Traum wirkt, auch wenn ich ihn nicht verstehe. Entscheidend ist, dass ich mit dem Traum umgehe, mich mit ihm beschäftige. Und das Gebet ist eine gute Weise, sich mit dem Traum zu beschäftigen. Da stehe ich nicht unter Druck, den Traum deuten und verstehen zu müssen. Ich halte in aller Offenheit und Ehrlichkeit einfach meinen Traum hin, im Vertrauen, dass Gottes Geist alles in mir durchdringt und erhellt und mir auch den Sinn des Traumes erschließt.

Ein *vierter Schritt* wäre, den Traum zu malen. Dieser Schritt wird nicht jedem liegen. Und er muss auch nicht von jedem getan werden. Es ist aber eine Möglichkeit, sich mit dem Traum zu beschäftigen. Indem ich den Traum male, bildet er sich tiefer in mich ein. Und ich kann das Traumbild immer wieder betrachten. Schon die Betrachtung des Bildes verstärkt die Wirkung des Traumes. Viele Therapeuten lassen ihre Klienten die Träume malen. Sie bringen dieses Bild dann mit in die Therapie. Im Malen deuten wir den Traum nicht bewusst, aber indem wir ihn malen, kommt manches zum Vorschein, was durch das Erzählen allein nicht ausgedrückt wird. Das Malen ist also eine Möglichkeit der unbewussten Verarbeitung. Gemeinsam das Traumbild anzuschauen, kann dann eine große Hilfe sein, den Traum selber besser zu verstehen und ihn intensiver in mir wirken zu lassen.

Der *fünfte Schritt* ist das, was C. G. Jung die aktive Imagination nennt. Da es für mich ein wichtiger Schritt ist, möchte ich darauf hier etwas ausführlicher eingehen.

Exkurs: Aktive Imagination nach C. G. Jung

C. G. Jung hat erkannt, dass es für die Seele heilsam ist, die inneren Bilder des Traumes anzuschauen und gleichsam weiterzuträumen. Er spricht von der Kunst Meister Eckharts, etwas geschehen zu lassen. Wenn man die inneren Bilder der Seele anschaut und sie einfach entstehen lässt, dann entwickeln sich von allein neue Bilder. Die Seele träumt den Traum gleichsam weiter. Einem Ratsuchenden, der ihn um die Analyse seine Träume bittet, rät Jung die Methode der aktiven Imagination. Er verweist ihn auf den Analytiker, der in seinem eigenen Herzen wohnt. Aber dieser Analytiker analysiert die Träume nicht. Er setzt sich vielmehr mit dem Unbewussten auseinander (Jung, Briefe 2, 75).

Wie diese Auseinandersetzung mit dem Unbewussten in der aktiven Imagination geht, beschreibt Jung in einem weiteren Brief an den gleichen Fragesteller: »Bei der aktiven Imagination kommt es darauf an, dass Sie mit irgendeinem Bild beginnen ... Betrachten Sie das Bild und beobachten Sie genau, wie es sich zu entfalten oder zu verändern beginnt. Vermeiden Sie jeden Versuch, es in eine bestimmte Form zu bringen, tun Sie einfach nichts anderes als beobachten, welche Wandlungen spontan eintreten. Jedes seelische Bild, das Sie auf diese Weise beobachten, wird sich früher oder später umgestalten, und zwar aufgrund einer spontanen Assoziation, die zu einer leichten Veränderung des Bildes führt. Ungeduldiges Springen von einem Thema zum anderen ist sorgfältig zu vermeiden. Halten Sie an dem einen von Ihnen gewählten Bild fest und warten Sie, bis es sich von selbst wandelt. Alle diese Wandlungen müssen Sie sorgsam beobachten und müssen schließlich selbst in das Bild hineingehen: Kommt eine Figur vor, die spricht, dann sagen auch Sie, was Sie zu sagen haben, und hören auf das, was er oder sie zu sagen hat. Auf diese Weise können Sie nicht nur Ihr Unbewusstes analysieren, sondern Sie geben dem Unbewussten eine Chance, Sie zu analysieren. Und so erschaffen Sie nach und nach die Einheit von Bewusstsein und

Unbewusstem, ohne die es überhaupt keine Individuation gibt« (Jung, Briefe 2, 76).

C. G. Jung betont immer wieder, dass es nicht genügt, das Unbewusste nur zuzulassen. Es geht auch darum, sich damit auseinanderzusetzen. Es genügt nicht, nur seiner Phantasie zu folgen. Einer weiteren Fragestellerin schreibt Jung: »Man muss nämlich selber in die Phantasie eintreten und die Figuren zwingen, Rede und Antwort zu stehen. Dadurch erst wird das Unbewusste dem Bewusstsein integriert, nämlich durch ein dialektisches Verfahren, d. h. durch den Dialog zwischen Ihnen und den unbewussten Figuren. Was in der Phantasie geschieht, muss *Ihnen* geschehen. Sie dürfen sich nicht durch eine Phantasiefigur vertreten lassen. Sie müssen das Ich bewahren und nur modifizieren lassen durch das Unbewusste« (Jung, Briefe 2, 195). In der aktiven Imagination geht es also immer um einen Dialog zwischen dem Ich und dem Unbewussten. Es geht um Integration und nicht um eine Flucht in schöne Phantasiewelten.

Ich versuche das, was Jung unter aktiver Imagination versteht, den Teilnehmern am Kurs über die Träume so zu vermitteln: »Setzen Sie sich bequem hin oder legen Sie sich so hin, dass Sie sich wohl fühlen. Dann achten Sie auf Ihren Atem. Lassen Sie im Ausatmen alles abfließen, was Ihnen gerade durch den Kopf geht. Versuchen Sie, jetzt ganz bei sich zu sein. Dann stellen Sie sich vor, Sie sitzen ganz allein in einem großen Kino. Neben sich haben Sie einen Filmapparat. Legen Sie in diesen Apparat Ihren Traumfilm ein. Dann lassen Sie den Traumfilm ablaufen. Sie können dabei den Film ganz langsam laufen lassen oder auch das Bild stehen lassen. Oder Sie können den Film gleichsam weiterlaufen lassen mit einer Fortsetzung, die von alleine in Ihrer Seele sich formt. Ein anderer Weg: Halten Sie immer wieder das Bild an. Und dann sprechen Sie mit den Personen im Traum. Fangen Sie ein Gespräch mit ihnen an, sagen Sie, was sie Ihnen sagen möchten. Aber sprechen Sie auch mit den Gegenständen. Was will mir die Tür sagen, was will mir das Auto sagen? Was für eine Botschaft hält die blühende Landschaft oder der tiefe Schnee für mich bereit? Und wenn Tiere im Traum vorkommen, beginnen Sie auch mit ihnen ein Gespräch. Versuchen Sie, ganz entspannt zu sein. Dann kann es sein, dass der Traum von alleine weitergeht. Sie träumen gleichsam die Fortsetzung des Traumes. Wenn die Phantasie nicht aktiv wird und der Traum sich nicht von alleine weiterentwickelt, dann betrachten Sie einfach die Traumbilder und lassen Sie sie auf sich wirken. Setzen Sie sich nicht unter Leistungsdruck. Aber gönnen Sie sich diese 15 Minuten, um mit dem Traumfilm aktiv umzugehen.«

Diese Methode der aktiven Imagination ist vor allem bei Verfolgungsträumen hilfreich. Ich frage den, der mich verfolgt, was er mir sagen möchte, warum er mich verfolgt. Vielleicht will er mich auf etwas Wichtiges hinweisen. Oft erweist sich dann der Verfolger als Freund. Der Schatten, den er darstellt, wird zur Hilfe für mich, der mein Leben bereichert. Die aktive Imagination ist aber nicht nur ein Dialog mit den Personen und Bildern des Traumes. Ich kann auch versuchen, den Traum weiterzuträumen. Manchen gelingt das gut. Da geht der Traum einfach weiter. Und oft nimmt er dann eine gute Wendung. Das Weiterträumen deutet den Traum, den man vorher gar nicht verstehen konnte. Doch auf einmal löst sich etwas.

Manche – vor allem Männer – sind oft skeptisch. Sie sagen: Bei mir geht der Traum nicht weiter. Ich kann höchstens über ihn nachdenken. Oder ich kann mir wünschen, wie er weitergeht. Das sind dann aber meine eigenen Gedanken.

Natürlich können wir das nie genau unterscheiden, ob wir uns den Traum weiter ausdenken oder ob er von alleine in der Seele sich formt. Das müssen wir auch gar nicht unterscheiden. Auch wenn ich in der aktiven Imagination über den Traum nachdenke und eher rational an ihn herangehe, hat es einen Sinn. Ich bin auf jeden Fall mit dem Traum beschäftigt. Und so kann er an mir wirken.

Bei Traumkursen habe ich oft erlebt, dass die aktive Imagination für manche Teilnehmer eine klarere Lösung gebracht hat als das Gespräch. Wir haben in der Gruppe etwa einen Traum angeschaut, und doch wurde trotz aller Assoziationen nicht klar, was der Traum einer bestimmten Frau wirklich sagen wollte. Dann machte sie die aktive Imagination – und auf einmal war alles klar. Die Situation hat sich so verwandelt, dass sie ihren Traum als Hilfe für ihren Weg erkennen konnte. Diese Frau hatte von einem schönen Tor geträumt. Als sie diesen Traum erzählte, war ihr nicht klar, was das Tor bedeutet. Und das Gespräch half ihr auch nicht weiter. Es wurde nur klar, dass Sie davor steht, einen wichtigen Schritt zu machen. Dann nahm sie diesen Traum in die aktive Imagination hinein. Auf einmal schritt sie durch das Tor und kam in eine blühende Landschaft. Da wurde ihr plötzlich klar, dass sie den Mut finden sollte, durch das Tor zu gehen, also eine Entscheidung in ihrem Leben zu treffen, die anstand. Die Lösung war angezeigt: Der Weg wird sie über die Schwelle hinweg hineinführen in eine blühende Landschaft. Das heißt: Ihr Leben wird aufblühen und Frucht bringen.

Der *sechste Schritt* besteht darin, dass wir unsere Träume mit einem anderen besprechen. Das kann der Ehepartner sein oder ein Freund oder eine Freundin. Sie müssen gar keine Spezialisten in der Traumdeutung sein. Schon das laute Erzählen des Traumes verstärkt die Wirkung des Traumes. Die Zuhörer müssen gar nicht versuchen, den Traum zu entschlüsseln. Sie hören vielmehr genau hin und lassen den Traum auf sich wirken. Sie können das eigene Gefühl wiedergeben, das einzelne Traumbilder bei ihnen ausgelöst haben. Sie können assoziieren. Sie können nachfragen, wie das genau war. Und sie können nachfragen, ob dieses oder jenes Bild auf etwas Aktuelles im Alltag hinweist. Auf keinen Fall darf der Zuhörer dem Träumer eine Deutung aufdrängen. Er kann ihm nur helfen, den Traum selber besser zu verstehen. Er kann die einzelnen Bilder erweitern, indem er sie mit Bildern aus Mythen oder Märchen vergleicht. Oder er verbindet mit den Bildern seine eigenen Erfahrungen. Alles, was der Zuhörer sagt, soll dem Träumer helfen, mit seiner eigenen Seele in Berührung zu kommen. Der Träumer soll seinem eigenen Gefühl trauen. Nur dort, wo mich etwas anspricht, wo meine Seele berührt wird, kann ich weiter nach einer Deutung suchen. Was mir fremd vorkommt, das soll ich auch an mir vorbeigleiten lassen. Auf gar keinen Fall dürfen wir beim Zuhören den Träumer bewerten oder festlegen, etwa indem wir sagen: Der Traum zeigt, dass du kein Selbstwertgefühl hast, dass du Angst hast, dass du da ein Problem hast. Solche Aussagen über den anderen haben im Gespräch über den Traum keinen Platz.

Der Träumer und die Zuhörer sollen sich nicht unter Druck setzen, den Traum auf jeden Fall entschlüsseln und deuten zu wollen. Manche Träume entziehen sich einer Deutung. Die Deutung verstärkt zwar die Wirkung des Traumes. Aber der Traum wirkt auch, wenn er erzählt wird und wenn die Teilnehmer des Gesprächs den Traum mit ihren Assoziationen und Bildern umkreisen. Allein das Erzählen hebt den Traum schon ins Bewusstsein und lässt ihn dadurch schon wirken. Etwas Verborgenes wird ausgesprochen und dadurch wirklich und wirksam. Manchmal können Fragen helfen wie: Welche Überschrift würdest du deinem Traum geben? Welches Gefühl hattest du beim Aufwachen? Was sind dir selber für Assoziationen gekommen?

Der *siebte Schritt* würde darin bestehen, dass wir den Traum mit einem Therapeuten oder einem geistlichen Begleiter oder einer geistlichen Begleiterin besprechen. Dann geht es nicht nur um die Deutung des Traumes, sondern auch darum, was der Traum mit dem Prozess unserer Selbstwerdung (im Gespräch mit dem Therapeuten) oder mit unserem geistlichen Weg (im Gespräch mit den geistlichen Begleitern) zu tun hat und welche Schritte wir daraus ableiten können. Ich möchte im Folgenden nur auf das Gespräch über Träume in der geistlichen Begleitung eingehen.

Gespräch über Träume in der geistlichen Begleitung

Meine Erfahrung zeigt, dass es gut ist, bei Einzelexerzitien oder allgemein in einer geistlichen Begleitung auch seine Träume mitzubringen. Die Träume zeigen oft an, worum es beim spirituellen Weg wirklich geht. Die Träume bewahren uns davor, dass wir uns einen geistlichen Weg nach unseren eigenen Vorstellungen zurechtlegen, dass unser Weg mehr unserem Ehrgeiz entspricht als unserem wahren Wesen. Gerade wenn der Weg zu stocken scheint, frage ich in der geistlichen Begleitung nach Träumen, besonders nach typischen, immer wiederkehrenden Träumen oder nach Träumen, die einen in letzter Zeit angerührt haben. Bei Einzelexerzitien stellen sich oft Träume ein, die dem Exerzitanten das Thema für seine stillen Tage angeben und auch schon Antworten und Wege andeuten. So träumte eine Schwester zu Beginn der Einzelexerzitien, dass sie bei ihrer Ärztin war. Die Ärztin untersuchte sie und stellte fest, dass sie überall gesund sei, nur mit dem Herzen sei etwas nicht in Ordnung. Der Traum war für sie sofort klar. Mit ihrer Beziehung zu Christus stimme etwas nicht. So war es ihre Aufgabe, in den Exerzitien wieder in eine persönliche Beziehung zu Christus zu kommen. Beim ersten Gespräch hatte sie ihre geistliche Situation geschildert und ihre Wünsche geäußert, was in den Exerzitien bei ihr in Bewegung kommen solle. Doch der Traum gab in dem Bild »herzkrank« viel deutlicher an, was ihr eigentlich fehlte und woran sie zu arbeiten hatte. Bilder treffen das Wesen unseres Zustandes oft besser als unsere mühsamen Versuche, unsere Situation zu analysieren.

So habe ich öfter die Erfahrung gemacht, dass bei Einzelexerzitien manchem der Traum seine Aufgabe stellt. Manchen begleiten die Träume auch während der stillen Tage und helfen bei der Lösung wichtiger Fragen. Wenn eine Entscheidung ansteht, dann ist es sicher sinnvoll, im Licht biblischer Texte und im Durchleuchten der verschiedenen Motive nach dem Willen Gottes zu fragen. Aber bei vielen Entscheidungen lässt sich nicht rational und auch nicht durch Gebet allein das Richtige erkennen. Da kann ein Traum oft hilfreich sein, auch wenn er nicht eindeutig die Lösung angibt und erst im Anschauen und Deuten des Traumes und im Betrachten vor Gott nach der Lösung gesucht werden muss.

Bei jedem geistlichen Weg gibt es aber auch Gefährdungen, und das trifft auch auf den Umgang mit Träumen zu. Eine Oberin erzählte mir: Eine Mitschwester lässt sich weder von mir noch von den anderen Schwestern etwas sagen. Sie verschanzt sich hinter ihren Träumen. Sie sagt: »Meine Träume zeigen mir den Weg. Gott selbst spricht im Traum zu mir. Dieser Stimme Gottes muss ich gehorchen.« Die frühen Mönche rechnen, wie wir gesehen haben, in der Tat damit, dass Gott im Traum zu uns spricht. Aber sie haben ein wichtiges Kriterium, um zu unterscheiden, ob wir im Traum Gottes Stimme hören oder uns nur einbilden, dass Gott zu uns spricht. Und dieses Kriterium ist die Realität. Ich habe also die Oberin gefragt: Wie lebt diese Schwester im Konvent? Wie arbeitet sie? Wie sind ihre Beziehungen zu den anderen?

Ich habe nämlich durchaus auch erlebt, dass Menschen, die sich hinter ihren Träumen verstecken, damit ihre eigenen Machtbedürfnisse ausagieren. Sie halten sich selbst für unfehlbar und begründen ihre Unfehlbarkeit mit Gottes Stimme im Traum. Da wird etwas absolut genommen, was wir immer wieder im Gespräch mit Gott und mit Menschen hinterfragen müssen. Es ist selten, dass der Traum eine klare und eindeutige Weisung gibt. Und wenn es wirklich eine Weisung Gottes ist, dann lässt sich das auch daran erkennen, dass eine Weisung Gottes immer auch Segen für die Menschen bringt.

Eine andere Gefährdung ist, dass man sich mit seinen Träumen und Visionen interessant macht. Eine Frau schwärmte von den frommen Träumen ihrer Kinder. Ihre zwei Kinder – acht und zehn Jahre alt – träumen ständig von Jesus. »Jesus sagt ihnen, was sie tun sollen. Und sie sind so brav und fromm.« Wenn ich das höre, werde ich skeptisch. Denn da besteht die Gefahr, dass ich meine Träume dazu benutze, den normalen Anforderungen des Lebens auszuweichen. Weil ich im Leben nicht glänzen kann, möchte ich es wenigstens mit meiner Frömmigkeit. Und ich mache mich interessant mit meinen frommen Träumen, ja mit meinen Visionen. Ich brauche nur zu beten, dann sehe ich Jesus. Er begegnet mir und spricht zu mir. Die Frage ist, ob es wirklich Jesus ist, der mir begegnet, oder ob die Träume Tagträume sind, in denen ich meine eigenen Wünsche ausphantasiere, indem ich mir Großes vorstelle, weil ich sonst so klein bin.

Im katholischen Bereich gibt es viele Menschen, die von Visionen und Erscheinungen erzählen. Es gibt wirkliche Visionen. Auf der einen Seite sollten wir also auf die Visionen hören und sie ernst nehmen. Viele haben Angst, davon zu sprechen, weil sie fürchten, von manchen Therapeuten oder Seelsorgern unter den Verdacht gestellt zu werden, psychisch krank zu sein. Es gibt natürlich krankhafte Visionen und Auditionen. Manchmal ist das Stimmenhören Zeichen einer Psychose. Doch auch das ist eine Gefahr: solche Visionen zu verschweigen, weil sie sofort pathologisiert werden. Eine andere Gefahr besteht darin, sich mit Visionen interessant machen zu wollen. Wenn mir persönlich Maria erscheint, dann bin ich etwas Besonderes, dann bin ich ausgezeichnet vor allen anderen. Die Mystiker hatten auch Visionen. Aber zugleich waren sie sehr vorsichtig, darüber zu sprechen. Denn sie wussten um die Gefahr, sich mit Visionen aufzublähen und über die normalen Menschen zu erheben. Die Visionen sind etwas Heiliges. Und das Heilige muss geschützt werden. Schon Jesus sagt, dass man das Heilige nicht den Hunden geben solle (Mt 7,6). Das Heilige darf man nicht konsumieren. Es muss beachtet und behütet werden.

Im esoterischen Bereich macht man sich mit Engelsvisionen interessant. Auch hier geht es immer um das Außergewöhnliche. Wer aber glaubt, er sei mit den Engeln auf Du und Du und könne mit ihnen sprechen, wann immer er wolle, der vereinnahmt die Engel. Doch für die echte Spiritualität ist Gott und sind die Engel immer unverfügbar. Ich kann Visionen nicht hervorrufen. Sie sind letztlich immer Geschenk. Und wenn wir so ein Geschenk bekommen, dürfen wir es nur in aller Demut und Dankbarkeit annehmen. Daher war für die Mystiker die Demut das eigentliche Kriterium, ob Visionen echt sind oder nicht.

Vier Regeln für geistliche Begleiter

Für die geistliche Begleitung ist klar: Die Träume sind nicht die höchste Norm. Sie müssen immer konfrontiert werden mit dem Wort der Schrift und mit der Realität des Alltags. Denn sonst besteht die Gefahr, dass sich einer seine eigene Traumwelt aufbaut und sich in sie zurückzieht. Er lässt sich dann von niemandem mehr in Frage stellen. Deshalb gebe ich in meinen Traumseminaren oder in der geistlichen Begleitung immer einen Bibeltext zur Meditation und nicht den Traum. Der Traum kann eine Ergänzung der Meditation sein oder der Horizont, innerhalb dessen ich mich auf den biblischen Text einlasse. Wenn sich einer dem biblischen Text nicht stellen kann, ist das ein Zeichen, dass er in der Betrachtung seiner Träume nur um sich selber kreist und bei sich stehen bleibt. Dann kann er auch Gottes Botschaft in den Träumen nicht mehr erkennen. Er macht sich dann nur interessant mit seinen Träumen, aber er hört nicht wirklich auf sie. Er benutzt sie, um niemanden an sich heranzulassen, weder den geistlichen Begleiter noch Gott.

Wenn ich mich auf die Träume des Exerzitanten einlasse, dann konfrontiere ich sie nicht nur mit dem Wort der Schrift, sondern auch mit dem realen Leben. Der Traum nützt nichts, wenn er nicht in die Wirklichkeit gestellt wird. Für Benedikt ist die Arbeit ein Test, ob das

Gebet stimmt. Genauso ist die Wirklichkeit des Alltags ein Test, ob der Umgang mit den Träumen echt und gut ist. Es gibt eine Flucht in die Frömmigkeit, aber auch eine Flucht in die Träume. Die Realitätskontrolle ist daher entscheidend. Der Traum soll die Wirklichkeit gestalten und mit Leben erfüllen. Man darf sich aber nicht vor der Wirklichkeit in die Traumwelt zurückziehen. Die Konsequenzen, die aus dem Traum zu ziehen sind, müssen auch für den geistlichen Begleiter einsichtig und nachvollziehbar sein. Es gibt eine Art, über seine Träume zu sprechen und mit ihnen umzugehen, bei der in mir ein ungutes Gefühl aufsteigt. Irgendwie spüre ich, dass das nicht stimmt und dass es dem anderen auch nichts nützt, in seiner Traumwelt zu leben. Dann gehe ich nicht näher auf die Träume ein, sondern konfrontiere ihn mit der Bibel und mit Aufgaben des Nachdenkens und Meditierens oder zur konkreten Gestaltung seines Alltags.

Aber umgekehrt erlebe ich auch, wie sich manche hinter Bibelstellen verstecken. Sie meditieren sie zwar brav und können eine Menge guter Gedanken darüber berichten. Aber ich habe dann das Gefühl: Das stimmt nicht, da benutzt jemand die Worte der Bibel als Schild, um sich gegen unliebsame Fragen abzuschirmen. Er verschanzt sich hinter den Worten. Dann frage ich gezielt nach Träumen. Denn in den Träumen kann er sich nicht mehr hinter gut überlegten, aber unverbindlichen Gedanken verstecken. Da offenbart er sich, auch wenn er es nicht möchte. Da tut sich ein Spalt auf, durch den ich dann auf sein Herz schauen kann. Und erst wenn ich mit seinem Herzen in Berührung komme, ist eine fruchtbare geistliche Begleitung möglich. Es geht dann wirklich um ihn, um seine Person, um seine Wunden und seine Sehnsüchte und nicht mehr um fromme und erbauliche Gedanken, über die wir uns eine ganze Woche lang unverbindlich austauschen könnten.

Es bedarf also der Unterscheidung der Geister, um zu beurteilen, ob es angebracht ist, nach den Träumen zu fragen und auf sie einzugehen, oder ob es genügt, den geistlichen Weg des Exerzitanten zu begleiten, indem man ihn Bibeltexte meditieren und darin nach Gottes Willen suchen lässt. Wenn einer sich an keinen Traum erinnert, dann bohre ich auch nicht weiter. Für manche ist der Traum nicht das geeignete Medium. Es genügt ihnen, Bibelstellen zu meditieren und darin Gott zu begegnen und sich selbst wiederzufinden. Bei manchen geht es nicht darum, Gottes konkreten Willen zu erkennen, sondern auf dem mystischen Weg immer mehr mit Gott eins zu werden, immer freier von sich selbst zu werden, um in Gott zur Ruhe zu kommen. Auf diesem kontemplativen Weg gibt es Etappen, in denen die Träume schweigen. Und es gibt Wegstrecken, wo sie sich wieder melden und wichtige Botschaften vermitteln. Es geht immer um Gott, nicht um die Methoden, ihn zu suchen und zu finden. Wir sollen auf unserem geistlichen Weg frei werden von uns selbst, durchlässig für Gottes Geist, für seine Güte und Menschenfreundlichkeit. Ziel des geistlichen Weges ist, Ort der Gegenwart Gottes in dieser Welt zu sein, von ihm in Dienst genommen zu werden und zugleich sein Tempel zu sein, der unsere innerste Mitte ist. Welche Methoden uns auf diesem Weg helfen, ist zweitrangig. Die Erfahrung zeigt, dass die Träume über lange Wegstrecken hinweg ein hilfreicher Begleiter und Wegweiser sein können.

Wie also kann ein geistlicher Begleiter mit den Träumen derer umgehen, die sich ihm auf ihrem spirituellen Weg anvertrauen? Die Erfahrungen, die ich mit den Träumen anderer gemacht habe, möchte ich kurz zusammenfassen in vier Regeln für den geistlichen Begleiter.

Die erste Regel: Es ist wichtig, ein Gespür zu entwickeln, wo das Eingehen auf Träume angebracht ist. Sobald man merkt, dass es beim anderen stockt, dass nichts in Bewegung gerät, ist es ratsam, nach den Träumen zu fragen. Dabei muss man seinem Gefühl trauen, ob die Träume hier weiterführen oder ablenken, ob der andere in seine Träume flieht oder ob er durch sie eine hilfreiche Deutung und Weisung erfährt.

Die zweite Regel betrifft unsere Reaktion auf den Traum des anderen. Wir sollen zuhören, nachfragen, den anderen möglichst selbst hinter den Sinn seines Traumes kommen lassen. Wir können fragen, was er selbst zum Traum meine, wie er sich danach gefühlt habe, welches Thema er da angeschnitten sehe, wie der Traum seinen Ist-Zustand beschreibe und was für Forderungen er an ihn erhebe. Dann können wir nach den einzelnen Bildern fragen, danach, was er damit verbindet, welche Assoziationen ihm dazu einfallen. Normalerweise genügt das. Nur wenn man glaubt, es sei hier angebracht, kann man den anderen auffordern, in der Rolle einer Traumfigur zu erzählen, was spontan in ihm aufsteigt.

Die dritte Regel bezieht sich auf unsere Deutung fremder Träume. Ich denke, wir sollten durchaus den Mut haben, selbst etwas zum Traum des anderen zu sagen. Allerdings bedarf es da großer Vorsicht und eines guten Einfühlungsvermögens. Zuerst müssen wir spüren, ob eine eigene Deutung angebracht ist oder ob die Deutung des anderen genügt. Wenn wir selbst etwas sagen, so dürfen wir die Träume nicht absolut deuten, sondern nur die Themen anschneiden, die uns wichtig und gleichzeitig für den anderen hilfreich erscheinen. Unsere Gedanken zum Traum sind nur eine Einladung an den Träumer, in sich zu spüren, ob diese Gedanken bei ihm einen Widerhall finden. Wir dürfen dem anderen unsere Deutung nicht aufdrängen, wir dürfen den anderen mit unserer Deutung auch nie überfordern, sondern sollen ihn aufbauen, ihm Vertrauen vermitteln und einen Weg in die Zukunft eröffnen. Wir sollen so über den Traum sprechen, dass der andere sich freier und weiter fühlt, dass in ihm etwas lebendig wird und eine Quelle zu sprudeln beginnt.

Die vierte Regel: Mir erscheint wichtig, den Traum in ein konkretes geistliches Programm umzusetzen. Wir können den Menschen fragen, wie er den Traum selbst in sein Leben umsetzen könnte, welche Übungen sinnvoll wären, um die Botschaft des Traumes in die Realität seines Lebens hineinzubringen. Wenn ihm selbst nichts dazu einfällt, können wir ihm Übungen vorschlagen, wie er das Thema des Traumes aufgreifen und für sich fruchtbar machen kann. Oder wir suchen nach einem geeigneten Bibeltext, den er auf dem Hintergrund seines Traumes meditieren soll. Wir sollten also nicht beim Traum stehen bleiben, sondern ihn weiterführen durch das Wort Gottes, das darauf Antwort gibt und neue Horizonte eröffnet, durch eine geistliche Übung, die das Traumbild in den Leib bringt, oder durch eine Gewissenserforschung, die das bewusste Denken und Handeln im Licht des Traumes genauer beleuchtet.

Es gibt sicher noch weitere Regeln für die Deutung der eigenen und der fremden Träume. Doch mir scheinen diese vier Regeln zunächst einmal zu genügen. Wer sich auf die eigenen und auf fremde Träume einlässt, wird selbst entdecken, was für ihn die geeignete Methode ist. Ich wollte nur einen Anstoß geben, dass wir überhaupt darüber nachdenken, wie wir die Träume in unseren geistlichen Weg einbeziehen und wie wir in der geistlichen Begleitung damit umgehen.

7. Schluss

Dass sie träumen, das verbindet die Menschen auf der ganzen Welt. Denn die Menschen in allen Völkern und Kulturen und Religionen haben Träume. Nach C. G. Jung tauchen wir in den Träumen ein in den »unus mundus«, in die »eine Welt«, in der wir alle miteinander verbunden sind, in der alles eins ist. Seit Jahrtausenden haben sich die Menschen in allen Kulturen mit den Träumen beschäftigt. Und sie haben darüber Bücher geschrieben. Die Aussagen zum Traum und die Art und Weise, wie man die Träume deutet, unterscheiden sich je nach der Kultur, je nach dem Zeitalter und je nach der Perspektive, unter der man sie betrachtet. Das gilt zum einen für den Westen: Die Traumbücher der griechischen Antike oder der Kirchenväter verstehen die Träume anders als die psychologischen Traumbücher unserer Tage, und auch in verschiedenen psychologischen Schulen der Gegenwart wird man zu unterschiedlichen Darstellungen kommen. Und das gilt auch für den Osten: Die frühesten Traumbücher sind in China schon 1000 Jahre v. Chr. erschienen. Sie werfen einen anderen Blick auf die Träume als die Seelsorger und Psychologen im heutigen Asien.

Doch eines haben alle Traumbücher und alle Versuche, die Träume zu verstehen und zu deuten, gemeinsam: die Faszination durch das, was während der Nacht dem Menschen im Traum begegnet. Alle Kulturen sind sich darin einig, dass man die Träume beachten soll, dass sie eine wichtige Botschaft für den Menschen in sich tragen. Es ist gut, wenn wir die Träume beachten und nicht als bloße »Schäume« abtun, wie man das im Zeitalter des Rationalismus getan hat.

In unseren Gesprächen haben Frau Wu und ich gemeinsam Träume von Menschen aus Deutschland und Taiwan angeschaut. Wir haben mit unserer jeweils persönlichen Intuition auf die Träume geschaut. Doch unsere Intuition ist natürlich auch geprägt von der jeweiligen Herkunft. Bei mir ist es nicht nur die christliche Tradition, sondern auch die Tradition abendländischer Philosophie und Psychologie und vor allem die Beschäftigung mit der Psychologie C. G. Jungs. Frau Wu ist geprägt von ihrer chinesischen Kultur und von der taoistischen Sichtweise. Aber sie ist auch beeinflusst von ihrer christlichen Erziehung und ihrem Engagement in der evangelischen Kirche in Taiwan. Für uns war es spannend, mit verschiedenen Augen auf die Träume zu schauen.

Dabei ist uns Folgendes aufgegangen: Wir Abendländer schauen auf den Traum vor allem im Hinblick auf das, was die einzelnen Symbole über unsere Psyche sagen, auf welche inneren Probleme sie hinweisen und welche Wege sie uns aufzeigen, die uns helfen könnten, auf unserem Weg der Selbstwerdung oder – christlich gesprochen – auf unserem geistlichen Weg, auf unserem Weg der Christusnachfolge, weiterzukommen. Asiatische Menschen – vor allem wenn sie taoistisch geprägt sind – fragen eher danach, was der Traum über unser Wesen als Mensch aussagen möchte. Die Träume sind für sie eher Gleichnisse, die uns eine wichtige Botschaft über unser Menschsein vermitteln. Dabei geht es weniger um die Entwicklung des Menschen als vielmehr um sein Sein, um sein Wesen. Beide Sichtweisen haben ihre Berechtigung.

Die Zukunft unserer Welt lebt vom Dialog, vom Dialog zwischen den Religionen und Kulturen und vom Dialog zwischen den verschiedenen Wissenschaften, zwischen Theologie und Psychologie, Biologie und Gehirnforschung. Für uns war der Dialog, der unsere verschiedene Herkunft und Sichtweise betrifft, spannend und hilfreich. So hoffen wir, dass dieser Dialog auch für Sie, den Leser und die Leserin, eine Bereicherung ist, wenn Sie auf Ihre eigenen Träume schauen.

So wünschen wir Ihnen, liebe Leserin, lieber Leser, dass Sie in diesem Buch Anregungen gefunden haben, um Ihre Träume zu verstehen. Schauen Sie dankbar auf Ihre Träume. Gott selbst schickt Ihnen die Träume oder – wie es die Bibel oft ausdrückt – ein Engel kommt zu Ihnen in der Nacht und spricht zu Ihnen im Traum. Und schauen Sie mit einer gewissen Neugier auf Ihre Träume. Jede Nacht vermittelt Ihnen der Engel eine wichtige Botschaft, eine Botschaft über Sie und das Geheimnis Ihres Menschseins, aber auch eine Botschaft, wie Sie weitergehen sollen auf Ihrem Weg. Wir wünschen Ihnen, dass Sie die Botschaft verstehen und auf sie so reagieren, wie es uns Matthäus von Josef erzählt: »Als Josef erwachte, tat er, was der Engel des Herrn ihm befohlen hatte« (Mt 1,24). Dann dürfen Sie vertrauen, dass auch Ihre Geschichte eine Geschichte des Heils wird, eine Geschichte, in der der

Immanuel – der Gott mit uns – mit Ihnen ist, Ihnen den Weg weist und Sie begleitet, bis auch Ihr Weg ein Weg der Erlösung und der Heilung wird.

Literatur

Otto Betz, *Das Geheimnis der Zahlen*, Stuttgart 1989.

Medard Boss, *Der Traum und seine Auslegung*, Regensburg 1974.

Evagrius Ponticus, *Praktikos. Über das Gebet*, übersetzt und eingeleitet von John Eudes Bamberger, Münsterschwarzach 1986.

Ann Faraday, *Die positive Kraft der Träume*, München 1984.

Anselm Grün, *Träume auf dem geistlichen Weg*, Münsterschwarzach 1989.

Helmut Hark, *Der Traum als Gottes vergessene Sprache*, Olten 1984.

Günter Harnisch, *Das große Traum-Lexikon*, Freiburg 2013.

Carl Gustav Jung, *Gesammelte Werke*, Band 8, Zürich 1967.

Carl Gustav Jung, *Gesammelte Werke*, Band 18/1, Olten 1981.

Carl Gustav Jung, *Briefe*, Band 2 (1946–1955), Olten 1972.

Carl Gustav Jung, *Von Traum und Selbsterkenntnis. Einsichten und Weisheiten*, ausgewählt von Franz Alt, Olten 1986.

Morton T. Kelsey, *Träume. Ihre Bedeutung für den Christen*, Metzingen 1982.

Ingrid Riedel, *Träume. Wegweiser in neue Lebensphasen*, Freiburg 2013.

John. A. Sanford, *Gottes vergessene Sprache*, Zürich 1966.

Der spirituelle Begleiter für Menschen mit Depressionen

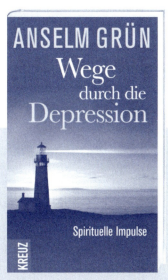

Anselm Grün
Wege durch die Depression
Spirituelle Impulse
192 Seiten | Gebunden
mit Schutzumschlag
ISBN 978-3-451-61196-4

Depression – eine Volkskrankheit: Der Alltag wird grau, Hoffnung versinkt in einem Meer von kraftloser Erschöpfung. Verzweifelte Menschen brauchen gerade jetzt Verständnis und Nähe. Sie stehen nicht nur vor einer medizinischen, sondern auch einer existentiellen und spirituellen Herausforderung.

In allen Buchhandlungen oder unter
www.kreuz-verlag.de
Was Menschen bewegt

Der Trauer einen Raum im Herzen geben

**Anselm Grün
Trauern heißt lieben**
Unsere Beziehung über
den Tod hinaus leben
160 Seiten | Gebunden
mit Schutzumschlag
ISBN 978-3-451-61282-4

Trost und Nähe, Zuwendung und Verständnis sind gerade in den verwirrenden und anstrengenden Zeiten nach dem Verlust eines wichtigen Menschen lebenswichtig. Gefühle der Wut, des Gekränktseins und der Schuld können sich in den Schmerz des Verlustes mischen. Anselm Grün ermutigt dazu, der Trauer einen Raum im Herzen zu geben.

In allen Buchhandlungen oder unter
www.kreuz-verlag.de
Was Menschen bewegt

Kreative Konfliktlösung

Anselm Grün
Konflikte bewältigen
Schwierige Situationen
aushalten und lösen
160 Seiten | Gebunden
mit Schutzumschlag
ISBN 978-3-451-61241-1

Kein Leben ist ohne Konflikte. Jeder erlebt sie immer wieder, im Alltag mit anderen, aber auch in seiner persönlichen Entwicklung. Konflikte können voran bringen, neue Entwicklungen fördern und Beziehungen klären. Doch sie können auch blockieren, lähmend und verletztend sein, wenn sie nicht richtig angegangen und gelöst werden.

In allen Buchhandlungen oder unter
www.kreuz-verlag.de
Was Menschen bewegt

Gut in den Flow kommen

Anselm Grün
Kraftvolle Visionen gegen Burnout und Blockaden
Den Flow beflügeln
180 Seiten | Gebunden
mit Schutzumschlag
ISBN 978-3-451-61170-4

»Flow« ist die beste Form schöpferischer und befriedigender Arbeit. Druck dagegen erzeugt Blockaden, führt zur Erschöpfung: zum Crash in Leib, Geist und Seele. Was uns motiviert, das sind Leitbilder, Vorbilder, Visionen. Anselm Grün begleitet viele Menschen, die von Stress und Burnout betroffen sind. Er stellt erprobte Imagination vor, die neue Potentiale freisetzen.

KREUZ

In allen Buchhandlungen oder unter
www.kreuz-verlag.de
Was Menschen bewegt